HISTOIRE DU FÉMINISME EXPLIQUÉE PAR UN HOMME BLANC

Hommes et féminisme, une alliance nécessaire

Jim Barrow

Index

Introduction

Qu'est-ce qui fait qu'un homme est un homme ?

Si l'on vous demande ce qui définit un homme, il est probable que les premières caractéristiques qui vous viennent à l'esprit soient la force physique, l'endurance, le leadership et un certain détachement émotionnel. Cela s'explique par le fait que nous avons grandi avec l'idée que ces qualités sont typiquement masculines. Cependant, ces dernières années, à mesure que les femmes et diverses minorités revendiquent davantage de reconnaissance et mettent en lumière les inégalités, l'homme hétérosexuel semble traverser une sorte de « crise d'identité », ne disposant plus d'un modèle clair de ce que signifie être un « homme ».

L'homme est donc menacé d'extinction ?

Après plus de cinquante ans de lutte et de prise de conscience menées par les femmes, l'homme moyen semble céder aux demandes croissantes d'être plus sensible, d'assurer l'égalité des chances et de renoncer à l'exclusivité d'un pouvoir fondé uniquement sur le sexe masculin. Cela pousse de nombreux hommes à se retrancher dans leurs convictions plutôt qu'à s'ouvrir à de nouvelles perspectives. Mais à qui en incombe la responsabilité ? Aux femmes ? Au patriarcat ? Aux autres hommes ? Il est difficile de le déterminer avec certitude (et nous aborderons cette question plus en détail plus loin dans le livre). Il est probable que chacun porte une part de responsabilité, mais il n'en demeure pas moins que cette crise masculine a un effet dévastateur sur la santé mentale des hommes, qui a été particulièrement mise à mal au cours des deux ou trois dernières décennies, même en période de paix relative.

En effet, beaucoup d'hommes souffrent de cette phase « hybride ». Ils se sentent désorientés et manquent de repères clairs. Les attentes sociales traditionnelles persistent, mais sont souvent en décalage avec la réalité contemporaine, qui ne correspond plus au rôle de l'homme dominant. Les hommes sont encouragés à être émotionnellement ouverts et vulnérables, tout en devant rester forts et protecteurs. Cette double contrainte génère une grande confusion et un profond sentiment d'inadéquation, surtout lorsque des facteurs externes tels que la pauvreté et la crise de l'emploi entravent l'efficacité des rôles traditionnellement attribués à l'homme et à la femme. Un homme qui subit les attentes sociales traditionnelles, mais qui est confronté à la pauvreté et a peu de contrôle sur sa vie, se sent incroyablement frustré, car, contrairement au passé, il n'a de contrôle sur rien, pas même sur « sa » femme.

Personne ne se préoccupe vraiment de la situation des hommes aujourd'hui et des problèmes qui affectent la société masculine ?

Il ne fait aucun doute que, malgré tout, les hommes continuent de bénéficier de privilèges, ce que la plupart d'entre eux reconnaissent, notamment lorsqu'ils sont confrontés à des statistiques objectives : des salaires plus élevés, davantage d'opportunités de carrière, une plus grande liberté sexuelle, une sécurité accrue pour sortir seul la nuit et un risque moindre d'être totalement brutaliser par son partenaire. Ce ne sont là que quelques-uns des éléments qui rendent encore avantageux le fait de naître homme hétérosexuel, surtout lorsqu'il est blanc et occidental.

Cependant, le sentiment général est que, peu à peu, cet avantage échappe à tout contrôle, comme une tendance irréversible qui pourrait mener à la disparition définitive de la figure traditionnelle de l'homme, au profit d'une « nouvelle forme hybride » qui ne satisferait personne, pas même les femmes. Mais est-ce vraiment le cas ?

Les nouveaux modèles masculins

Un dualisme très marqué s'est instauré entre les nouveaux modèles masculins que la société semble promouvoir, mais qui ne font pas l'unanimité. D'un côté, une grande partie des hommes semble adhérer à un modèle plus « progressiste » et ouvert, bien que la transition vers ces nouveaux paradigmes soit souvent entravée par une société encore ancrée dans des stéréotypes anciens, rendant difficile un changement complet. De l'autre côté, on observe une « renaissance » marquée de modèles masculins très « traditionnels », particulièrement (et paradoxalement) parmi les plus jeunes, qui, n'ayant pas vécu les grandes révolutions du siècle dernier, se retrouvent enfermés dans une bulle dont ils peinent à sortir. Ce phénomène est illustré par le succès de figures extrêmement machistes sur TikTok, Instagram et Twitch, qui, à travers leurs podcasts, nourrissent précisément ces bulles.

Dans les deux cas, qu'il s'agisse de tenter d'incarner un modèle « progressiste » ou « traditionnel », ces deux visions se heurtent l'une à l'autre, rendant difficile la compréhension de « quel type d'homme il faut être » pour trouver le bonheur et la justesse.

L'homme contemporain se pose peut-être cette question pour la première fois dans l'histoire, non par auto-critique, mais parce que le contexte social a évolué. Les femmes et les autres minorités ont lutté pour faire évoluer les choses (il suffit de rappeler que dans certains pays, même développés, l'adultère féminin était encore puni par la loi jusque dans les années 1980) et ont entrepris une profonde réflexion sur leur identité. Elles ont accompli de grands progrès en un temps relativement court (environ 80 ans), et l'identité des femmes a considérablement évolué ces dernières décennies, tout comme leur prise de conscience. En revanche, nous, les hommes, sommes restés en retrait, n'ayant rien fait pour changer notre situation car, après tout, « cela nous convenait ». Nous avons toujours perçu les luttes féministes comme « quelque chose qui ne nous concerne pas », et maintenant que nos certitudes vacillent, certains d'entre nous se réveillent. Nous commençons à remettre en question notre identité, mais seulement parce que nous y sommes « contraints » par des facteurs externes.

Pourquoi un homme blanc décide-t-il d'écrire un livre sur le féminisme ?

Cela m'amène à expliquer pourquoi j'ai décidé d'écrire ce livre. En tant qu'homme blanc, je suis conscient de ma position privilégiée, mais je crois également comprendre les problèmes et les préoccupations qui habitent aujourd'hui un homme blanc occidental de classe moyenne. J'espère donc être la personne adéquate pour m'adresser à cette catégorie, ainsi qu'aux femmes, qui peuvent parfois avoir plus de difficultés à ressentir de l'empathie à cet égard. Je pense qu'un homme capable de faire le « pont » entre deux mondes apparemment si éloignés peut se révéler plus efficace, en raison même du mécanisme « patriarcal toxique » dont nous sommes tous victimes. En somme, un homme est plus susceptible d'écouter un autre homme qu'une femme. Est-ce une erreur ? Absolument. Est-ce ainsi que les choses fonctionnent ? Malheureusement, oui. Il s'agit simplement de tirer parti d'un avantage que je ne devrais pas avoir, mais que j'ai malgré tout.

Je voudrais commencer par affirmer que nous, les hommes, ne devons pas considérer le féminisme comme un « ennemi de la masculinité », mais plutôt nous y allier, en y contribuant activement et en proposant une société meilleure, sans nous mettre sur la défensive, et surtout sans nier ni minimiser les problèmes. Le féminisme ne se limite pas aux droits des femmes ; il s'agit de construire un monde où chaque individu, quel que soit son sexe, peut vivre dans la dignité et le respect. Les hommes ont beaucoup à gagner de l'abolition des barrières entre les sexes : des relations plus honnêtes, une plus grande liberté émotionnelle et une société moins violente.

L'écriture de ce livre est ma contribution personnelle à la promotion de cette vision. Dans cet esprit, j'espère que ce livre pourra offrir des pistes de réflexion et des outils pour affronter le changement. Il ne s'agit pas de perdre quelque chose, mais de gagner un monde dans lequel tout le monde, y compris les hommes, peut mieux vivre.

Structure du livre

Comme vous l'avez peut-être remarqué, ce livre fait partie de la série « Easy History », ce qui signifie que l'histoire sera au cœur de ce manuscrit. Comme j'aime à le répéter, c'est en étudiant l'histoire que nous pouvons progresser en tant que société, car tout a déjà été écrit au fil des millénaires et des siècles. Nous disposons de millions de modèles à analyser, et de nombreux problèmes actuels pourraient être évités en apprenant ce qui s'est déjà produit par le passé.

Le livre se divisera en deux parties. La première, très substantielle, offrira un compte rendu neutre de l'histoire du féminisme, en partant de la condition des femmes dans l'Antiquité jusqu'aux grands mouvements féministes de l'après-guerre qui ont façonné la société moderne. Cette section comportera un examen approfondi de figures marquantes telles que Susan B. Anthony, Betty Friedan et Chimamanda Ngozi Adichie.

La deuxième partie reprendra les thèmes abordés dans l'introduction, en se concentrant sur la situation actuelle et en délivrant un message aux hommes : pourquoi nous devrions tous être féministes ou, si ce terme nous effraie, du moins alliés des féministes.

Chapitre 1 : Les origines

La condition des femmes dans le passé

Nous commençons ce voyage à travers l'histoire du statut de la femme en explorant l'Antiquité et le Moyen Âge, tout en offrant un aperçu global de la situation à travers le monde. Le statut des femmes durant ces périodes variait considérablement en fonction des cultures, des régions et des époques. Néanmoins, certains thèmes récurrents permettent de mieux comprendre leur vie et leur rôle au sein de la société. En règle générale, les femmes étaient souvent subordonnées aux hommes et disposaient de droits et libertés limités, bien que des exceptions et des variations notables se manifestent dans différentes parties du monde.

Égypte antique

Une exception notable se trouve dans l'une des civilisations les plus importantes de l'histoire : l'Égypte ancienne. Les femmes y bénéficiaient d'une certaine égalité par rapport à d'autres civilisations de l'époque. Bien qu'il subsistât des différences sociales entre hommes et femmes, que nous explorerons plus en détail, les Égyptiennes pouvaient posséder et gérer des biens, rédiger des testaments et signer des contrats légaux. Elles jouissaient également d'une certaine liberté en matière de mariage, ayant la possibilité de divorcer et de se remarier. De plus, certaines femmes occupaient des postes de pouvoir, telles que prêtresses ou administratrices. Le règne du pharaon Hatchepsout en tant que roi en est un exemple emblématique.

Cependant, malgré ces libertés, les femmes restaient perçues comme inférieures aux hommes d'un point de vue sociétal. Leur rôle principal consistait à s'occuper du foyer et à élever les enfants. Bien que quelques-unes aient eu accès à l'éducation, la majorité demeurait analphabète et confinée aux tâches domestiques.

Grèce antique

Le statut des femmes dans la Grèce antique variait considérablement selon la cité-État. À Athènes, par exemple, les femmes disposaient de très peu de droits. Elles étaient soumises à la tutelle de leur père d'abord, puis de leur mari, et ne pouvaient en aucun cas participer à la vie politique ni posséder des biens. Leur existence se limitait essentiellement à la vie domestique, à la gestion du foyer et à l'éducation des enfants.

En revanche, à Sparte, la situation était quelque peu différente pour les femmes, car elles jouissaient d'une plus grande liberté et pouvaient également posséder des biens. Les femmes spartiates participaient également à des activités sportives et, jusqu'à l'âge de 16 ans, recevaient le même entraînement que les hommes, dans le but de renforcer la population, sans distinction de sexe. Cependant, à l'instar de l'Égypte ancienne, les femmes de Sparte étaient encore considérées comme légèrement inférieures aux hommes et leur rôle principal restait centré sur les tâches domestiques.

Rome antique

Même dans la Rome antique, le rôle des femmes restait principalement centré sur celui de mère et d'épouse, mais leur statut a connu une amélioration progressive au fil du temps. Durant la période républicaine, bien que les femmes soient sous la tutelle des hommes, elles pouvaient posséder des biens et rédiger des testaments. Avec l'évolution des mœurs, particulièrement sous l'Empire, les femmes riches ont gagné en autonomie. Elles avaient la possibilité de divorcer et certaines, comme Livia Drusilla, épouse d'Auguste, exerçaient une influence significative sur la politique.

Chine antique

En Chine, sous les dynasties Shang et Zhou, les femmes jouaient principalement un rôle domestique et devaient respecter strictement la hiérarchie familiale. La dynastie Han (206 av. J.-C. - 220 ap. J.-C.) accentua encore la subordination des femmes aux hommes, les obligeant à suivre les trois obéissances (au père, au mari et aux fils) ainsi que les quatre vertus (moralité, parole, comportement et travail domestique).

Cependant, malgré ces contraintes, la société chinoise restait suffisamment ouverte pour permettre quelques exceptions notables. Certaines femmes influentes réussissaient à exercer un pouvoir politique, à l'instar de l'impératrice Wu Zetian sous la dynastie Tang. Bien que ces figures soient rares, elles démontrent que, dans des circonstances exceptionnelles, les femmes pouvaient dépasser les limites imposées par la société.

Inde antique

Dans l'Inde ancienne, le statut des femmes variait considérablement. Dans les premiers textes védiques (1500-500 av. J.-C.), les femmes jouissaient d'une relative liberté. Elles pouvaient participer aux sacrifices religieux, recevoir une éducation et choisir leur mari.

Cependant, au cours des périodes suivantes, leur condition s'est considérablement détériorée. Durant les époques classique et médiévale, des pratiques telles que le Sati (le sacrifice de la veuve sur le bûcher funéraire de son mari) et le purdah (l'enfermement des femmes) sont devenues plus répandues. Les femmes étaient souvent perçues comme la propriété de leur mari et avaient peu d'opportunités pour mener une vie indépendante.

Moyen Âge européen

Au Moyen Âge européen, le statut des femmes était principalement déterminé par leur statut social, bien que, comme on peut l'imaginer, les hommes aient toujours détenu plus de pouvoir. Les femmes nobles, par exemple, pouvaient gérer des biens et, dans certains cas, gravir les échelons politiques de manière significative. Un exemple emblématique est celui d'Aliénor d'Aquitaine, qui, au XIIe siècle, a été l'une des personnes les plus puissantes d'Europe occidentale et a même dirigé la deuxième croisade.

En revanche, la vie des paysannes était particulièrement difficile. Elles étaient tenues de travailler dans les champs aux côtés des hommes, tout en assumant les responsabilités domestiques et l'éducation des enfants, qui étaient souvent nombreux pour fournir de la main-d'œuvre. Ainsi, il est clair qu'avec le déclin des classes sociales, l'écart entre la vie des femmes et celle des hommes s'est considérablement creusé, soulignant que l'égalité des sexes était avant tout une « question de richesse ».

Enfin, les femmes religieuses, telles que les nonnes, trouvaient dans les monastères et les couvents une alternative à la vie domestique. Elles avaient accès à l'éducation et pouvaient parfois exercer une certaine influence spirituelle et intellectuelle.

Moyen Âge islamique

Au cours du Moyen Âge islamique, les femmes bénéficiaient de droits juridiques relativement avancés. Elles pouvaient hériter de biens, rédiger des testaments et gérer leur propre patrimoine. La dot du mariage, le Mahr, offrait également une sécurité économique aux femmes.

Cependant, malgré ces droits, elles étaient souvent soumises à des restrictions sociales et culturelles. Leur rôle se limitait principalement à la sphère domestique, et leur mobilité ainsi que leur interaction avec le monde extérieur étaient restreintes. Néanmoins, certaines femmes, notamment des poétesses et des érudites, ont réussi à marquer durablement la culture islamique par leurs contributions intellectuelles et artistiques.

Afrique

L'Afrique est une région tellement vaste et diversifiée qu'il est difficile de l'analyser dans son ensemble, car le statut des femmes variait considérablement d'une tribu à l'autre et d'un royaume à l'autre. Un exemple particulièrement intéressant est celui de la tribu Ashanti, située dans l'actuel Ghana, où les femmes jouissaient d'une égalité complète avec les hommes. Elles jouaient un rôle central au sein de la famille, pouvaient posséder des biens et participer aux décisions politiques sans restriction.

Cependant, il existait également des tribus en Afrique où les femmes étaient entièrement subordonnées aux hommes et n'avaient aucun pouvoir ni influence.

<u>Amérique précolombienne</u>

Dans les civilisations précolombiennes telles que les Aztèques et les Incas, les femmes occupaient des rôles importants mais distincts de ceux des hommes. Dans l'empire aztèque, les femmes étaient principalement responsables des activités domestiques, mais certaines pouvaient devenir prêtresses ou marchandes, jouant ainsi un rôle actif dans la société.

Dans l'empire inca, en plus de pouvoir posséder des terres et des biens, les femmes avaient la possibilité d'accéder à des rôles religieux de grande importance. Par exemple, les aclla, les vierges du Soleil, servaient le culte du dieu Inti, la divinité solaire la plus vénérée dans la religion inca. Ces femmes jouaient un rôle crucial dans les cérémonies religieuses, soulignant ainsi l'importance des femmes dans la vie spirituelle de l'empire.

<u>Japon féodal</u>

Dans le Japon féodal, les femmes étaient subordonnées aux hommes et devaient suivre un code de conduite strict. Leur responsabilité principale était de s'occuper du foyer et de la famille, et elles avaient peu d'occasions de participer à la vie publique.

Cependant, durant la période Heian (794-1185), les femmes de la noblesse ont acquis une certaine influence culturelle. Elles étaient éduquées et pouvaient écrire des poèmes ainsi que des récits. Un exemple emblématique est celui de Murasaki Shikibu, l'auteure du « Genji Monogatari », qui a réussi à marquer durablement la littérature japonaise.

En résumé, le statut des femmes dans l'Antiquité et au Moyen Âge était extrêmement varié et complexe. Dans la plupart des sociétés, les femmes étaient subordonnées aux hommes et confinées à la sphère domestique, avec des droits et des libertés restreints. Toutefois, il existe de nombreux exemples de femmes qui ont su dépasser ces limites et laisser une empreinte significative dans leur culture, en particulier dans les sociétés où des espaces de liberté, bien que limités, étaient possibles.

Rôles traditionnels des hommes et des femmes

Les rôles traditionnels des hommes et des femmes ont profondément influencé la vie des femmes tout au long de l'histoire. Ces rôles ont été définis et renforcés par diverses institutions sociales, culturelles et religieuses, établissant un ensemble de normes qui dictaient ce qui était jugé approprié pour chaque sexe. Cette division a eu des répercussions majeures sur de nombreux aspects de la vie des femmes, allant de la structure familiale au monde du travail, en passant par l'accès à l'éducation et la participation à la politique. Ces rôles prédéterminés ont souvent limité les opportunités des femmes, les confinant à des sphères spécifiques et influençant durablement leur statut et leur place dans la société.

Mais qu'entend-on par « rôles de genre » ?

Les rôles de genre, que j'ai qualifiés dans l'introduction de « en crise dans le monde moderne », représentent des attentes sociales concernant le comportement, les activités et les responsabilités jugées appropriées pour les hommes et les femmes. Ces rôles sont profondément enracinés dans des stéréotypes de genre qui décrivent les hommes comme forts, sûrs d'eux et dominants, tandis que les femmes sont perçues comme douces, passives et soumises.

Bien sûr, d'autres caractéristiques « appropriées » sont attribuées aux hommes et aux femmes en fonction de ces rôles, mais celles-ci en constituent généralement les principales. Ces attentes ont été historiquement codifiées par des lois, des pratiques culturelles et des enseignements religieux.

L'un des domaines les plus influencés par les rôles de genre est la vie familiale. Traditionnellement, les femmes sont vues comme les principales responsables du foyer et de l'éducation des enfants. Ce rôle domestique a limité leurs possibilités de participation à la vie publique et de développement d'une carrière professionnelle. La conception de la femme comme « l'ange du foyer » a renforcé l'idée que sa place était principalement à la maison, où elle devait soutenir son mari et élever leurs enfants.

Les rôles traditionnels attribués aux hommes et aux femmes ont également eu un impact significatif sur l'accès des femmes à l'éducation. Dans de nombreuses sociétés, l'éducation des femmes était jugée moins importante que celle des hommes. Les filles étaient souvent formées en vue de leur future vie domestique, avec un accent sur des compétences telles que la cuisine, la couture et l'entretien ménager, plutôt que sur des matières académiques. Cela limitait les possibilités pour les femmes de recevoir une éducation adéquate et de poursuivre une carrière professionnelle.

Dans le monde du travail, les rôles de genre ont déterminé (et déterminent encore) les types d'emplois jugés appropriés pour les femmes. Traditionnellement, celles-ci ont été cantonnées à des emplois reflétant leur rôle domestique, tels que l'enseignement, les soins infirmiers et le secrétariat. Même lorsque les femmes ont commencé à entrer dans des professions dominées par les hommes, elles se sont souvent heurtées à la discrimination et à des obstacles à leur avancement. Le concept de « plafond de verre » décrit la difficulté pour les femmes d'accéder à des postes de direction en raison de ces barrières invisibles mais bien réelles.

À quelques exceptions notables près, les rôles traditionnels de genre ont historiquement exclu les femmes de la participation politique. Elles étaient souvent perçues comme inaptes à la politique, jugées trop émotives ou considérées comme ayant une place exclusivement dans la sphère domestique. Bien entendu, la sous-représentation des femmes en politique est également une conséquence directe de tout ce qui précède, en particulier en ce qui concerne l'éducation et l'emploi. Cela a conduit à une sous-représentation des femmes dans les institutions politiques et à un manque d'attention aux questions qui les concernent spécifiquement.

Les rôles de genre sont présents dans pratiquement tous les secteurs, même les plus inattendus. La discrimination fondée sur le sexe peut aussi être observée, par exemple, dans le domaine scientifique, et pas seulement en raison de la faible présence des femmes dans ce milieu. Il est bien connu que, d'un point de vue médical, on connaît beaucoup moins bien les maladies affectant le corps féminin (comme l'endométriose ou d'autres affections provoquant des douleurs dans les organes génitaux féminins), qui ne sont étudiées en profondeur que depuis quelques années, malgré les résistances persistantes, telles que la minimisation constante de ces problèmes par les professionnels de santé.

<u>Rôles de genre et religion</u>

La religion a joué un rôle crucial dans le renforcement des rôles traditionnels attribués aux hommes et aux femmes. De nombreuses religions possèdent des textes et des enseignements qui prescrivent des rôles spécifiques pour chaque sexe. Par exemple, dans plusieurs traditions chrétiennes, les femmes sont perçues comme soumises aux hommes, tandis que dans certaines interprétations de l'Islam, elles doivent se conformer à des règles strictes en matière de comportement et de tenue vestimentaire. Ces enseignements religieux ont souvent servi à justifier et à perpétuer les inégalités entre les sexes, rendant difficile pour les femmes de contester les rôles traditionnels. Même dans les pays qui se revendiquent laïques, ces traditions persistent dans le tissu culturel et sont particulièrement résistantes, y compris parmi les populations jeunes, ce qui peut surprendre au premier abord.

<u>Impact sur la santé mentale</u>

Les rôles traditionnels attribués aux hommes et aux femmes peuvent avoir un impact négatif sur la santé mentale des femmes (ainsi que sur celle des hommes, comme mentionné dans l'introduction, mais nous y reviendrons plus tard). La pression exercée sur les femmes pour qu'elles se conforment à des rôles rigides et contraignants peut être source de stress, d'anxiété et de dépression. Les femmes qui ne se conforment pas aux attentes traditionnelles peuvent faire face à des jugements et à l'ostracisme social, ce qui accentue leur sentiment d'isolement et d'inadéquation. De plus, le manque d'opportunités pour réaliser leur potentiel peut entraîner un sentiment d'insatisfaction et une baisse de l'estime de soi.

Malgré l'omniprésence des rôles traditionnels, il y a toujours eu des femmes qui ont résisté à ces attentes et les ont remises en question. Des figures telles que Cléopâtre, Jeanne d'Arc ou Marie Curie ont défié les rôles traditionnels, démontrant que les femmes peuvent exceller dans n'importe quel domaine. Il est important de noter que Marie Curie, par exemple, a probablement dû travailler dix fois plus dur qu'un homme pour atteindre ses succès, ce qui a sans doute contribué à son excellence. Il est donc essentiel de comprendre qu'il a toujours été très difficile pour les femmes d'exceller, car elles ont constamment dû « lutter » (souvent de manière inconsciente, avant le 19e siècle, où la conscience des « luttes des sexes » était moins développée) contre des traditions et des règles ancestrales.

Mouvements féministes

À partir du XIXe siècle, le premier mouvement féministe a émergé, et la société a commencé, bien que lentement et de manière inégale, à reconnaître le problème. Ce mouvement a joué un rôle crucial dans la remise en question et la transformation des rôles traditionnels attribués aux hommes et aux femmes, en luttant pour des droits fondamentaux tels que le droit de vote, l'accès à l'éducation et l'égalité sur le lieu de travail. Les féministes ont également contesté de nombreuses normes culturelles qui confinaient les femmes à la sphère domestique. La deuxième vague du féminisme, dans les années 1960 et 1970, s'est concentrée sur des questions telles que la violence domestique, le droit à l'avortement et l'égalité salariale. Ces mouvements ont conduit à d'importants changements législatifs et culturels, améliorant les droits et les opportunités des femmes. Il est donc important de comprendre que, bien que ces évolutions soient relativement récentes (ne vous méprenez pas en croyant que les années 60 et 70 sont lointaines), nous sommes encore en pleine période de transition, qui ne se déroule manifestement pas de manière homogène dans tous les pays ni à travers toutes les classes sociales.

Il est également essentiel de reconnaître que les rôles de genre ne sont pas uniformes et que l'expérience des femmes peut varier considérablement en fonction d'autres facteurs tels que la race, la classe sociale, l'appartenance ethnique et l'orientation sexuelle. L'intersectionnalité est un concept qui permet de comprendre comment ces différentes identités se croisent et influencent l'expérience d'une personne. Par exemple, les femmes noires peuvent faire face à une double discrimination, à la fois sexiste et raciale, tandis que les femmes issues de minorités ethniques peuvent rencontrer des obstacles culturels supplémentaires. Comprendre l'intersectionnalité est crucial pour aborder les inégalités de manière globale et inclusive.

Changements dans les rôles de genre

Au cours des dernières décennies, les choses ont indéniablement changé, et de nombreuses avancées en matière d'égalité sont visibles, principalement grâce aux grands mouvements féministes (mais pas seulement) des années 1960 et 1970, qui ont marqué une rupture nette avec la génération précédente. Les femmes ont désormais un meilleur accès à l'éducation et à l'emploi et, surtout au cours des deux dernières décennies, elles sont de plus en plus nombreuses à occuper des postes de direction, y compris en politique. La perception des rôles des hommes et des femmes évolue, et la fluidité des genres est de mieux en mieux acceptée. Cependant, il est encore trop tôt pour crier victoire. Un simple coup d'œil sur n'importe quel réseau social suffit à révéler le chemin qui reste à parcourir. Si nous ne continuons pas à nous battre pour que l'acceptation des droits civils fondamentaux devienne réellement universelle, il est plus facile qu'il n'y paraît de faire de dangereux pas en arrière.

Ces reculs seraient particulièrement néfastes à ce stade, car, comme nous l'avons déjà mentionné, nous sommes encore à mi-chemin : les inégalités salariales restent significatives, et les femmes sont toujours sous-représentées dans les postes de pouvoir. De plus, la violence fondée sur le sexe demeure un problème grave dans de nombreuses régions du monde, y compris dans les pays occidentaux et développés.

Cela peut sembler banal, mais l'outil le plus puissant pour remettre en question et changer les rôles traditionnels des hommes et des femmes est sans conteste l'éducation. Bien qu'il incombe à la famille de « transmettre » certains messages, les parents ne sont pas toujours en mesure de le faire efficacement. C'est donc aux écoles de compenser ce manque en promouvant l'égalité entre les sexes par le biais d'une représentation appropriée de modèles masculins et féminins positifs, ainsi que par l'inclusion de tout ce qui va au-delà de ces deux sexes. Les programmes d'éducation à l'égalité des genres peuvent contribuer à démanteler les stéréotypes néfastes et à promouvoir une vision plus égalitaire des capacités et des opportunités pour tous, quel que soit le sexe.

En dehors de l'école, l'autre influence significative est celle des médias, qui sont toutefois beaucoup plus difficiles à contrôler. Il ne s'agit évidemment pas seulement de la télévision et du cinéma, mais aussi de tout ce qui circule sur les réseaux sociaux et des algorithmes auxquels nous sommes tous soumis.

Cela dit, en ce qui concerne ce qui est « contrôlable », on a assisté ces dernières années à une prise de conscience accrue de l'importance de représenter les femmes (et les minorités) de manière plus variée et plus réaliste. Cela a déclenché, entre autres, des controverses parmi ceux qui restent attachés à de vieilles idées, ce qui prouve qu'il reste effectivement un long chemin à parcourir.

Impact économique des rôles de genre

Les rôles traditionnels assignés aux hommes et aux femmes ont un impact économique considérable. Lorsque les femmes sont confinées à des rôles domestiques ou à des emplois mal rémunérés, leur contribution à l'économie est moindre comparée à celle des hommes. La discrimination salariale et le manque de possibilités d'avancement entraînent des revenus inférieurs pour les femmes tout au long de leur vie, ce qui se traduit par une accumulation de richesses réduite et une moindre sécurité économique. Cette situation pénalise non seulement les femmes, mais elle a également des répercussions négatives sur l'économie dans son ensemble. En effet, des études ont démontré que l'égalité entre les hommes et les femmes peut favoriser une croissance économique plus forte et conduire à une société plus prospère.

Rôles de genre et sexualité

Le dernier aspect que je souhaite aborder est celui où les différences sont peut-être les plus difficiles à éradiquer et où elles apparaissent souvent de manière flagrante, en moyenne, à travers le monde. Nous avons tous grandi, quel que soit l'endroit, dans une société où les femmes sont souvent réduites à des objets et jugées principalement sur leur apparence physique. De plus, un récit persistant autour de la sexualité continue de placer l'homme dans un rôle dominant, tandis que la femme est souvent perçue comme soumise. Ce récit et ces rôles sont profondément dysfonctionnels, car ils nuisent à la fois aux hommes et aux femmes, empêchant une libre expression de la sexualité. Oui, cela concerne aussi les hommes ! Cette situation crée une forme de répression et souvent un manque total de respect mutuel. Les femmes qui expriment ouvertement leur sexualité sont presque toujours stigmatisées et jugées, tandis que les hommes qui montrent de la vulnérabilité ou un manque d'intérêt sexuel (ce qui, précisons-le, arrive à TOUS les hommes, soumis comme tout être humain à des variations hormonales et à des conditions mentales affectant leur sexualité) peuvent être perçus comme faibles, voire qualifiés à tort d'homosexuels (ce qui ouvre le débat sur l'homophobie).

Pourtant, tout pourrait se résumer simplement : les femmes veulent aussi avoir des relations sexuelles, et les hommes n'en ont parfois pas envie. Cela semble évident, non ? Et pourtant, il est étonnant de constater qu'en 2024, on entend encore des remarques du genre « mais t'aimes pas la chatte ? » lorsqu'un homme s'intéresse à des activités considérées en dehors des normes viriles. Si l'on y réfléchit, ce récit ne se contente pas d'objectiver les femmes, réduites à leur appareil reproducteur, mais il rabaisse également considérablement les hommes, qui peinent à s'exprimer librement dans un tel contexte.

Je vais vous donner un exemple personnel : il n'y a pas si longtemps, malgré le fait que je sois bien au-delà de l'âge adulte, on s'est moqué de moi parce que j'ai admis faire pipi assis dans ma salle de bain ! Comme si, pour être un « vrai » homme, je devais avoir des toilettes sales et éclaboussées. Je suis sûr que beaucoup d'entre vous qui lisez ceci savent exactement de quoi je parle, que ce soit en repensant à votre propre expérience dans un contexte scolaire, professionnel ou social. N'est-ce pas le cas ?

Chapitre 2 : Les débuts du mouvement féministe

XVIIIe et XIXe siècles : les premières voix du féminisme

Abordons maintenant les mouvements féministes à proprement parler, et analysons le parcours qui a conduit les femmes à lutter pour leur émancipation, ou du moins à tenter de le faire, de manière croissante. Les origines du féminisme remontent au XVIIIe siècle, une époque de profonds bouleversements sociaux, politiques et économiques. Ce mouvement trouve ses racines dans cette période, également connue sous le nom de « Siècle des Lumières », qui a vu naître de nouvelles idées sur la liberté, l'égalité et les droits humains, posant ainsi les fondements des premières revendications féministes. Au XIXe siècle, ces idées se sont amplifiées, les femmes commençant à s'organiser et à revendiquer leurs droits de manière plus structurée. Dans ce panorama, nous examinerons les figures majeures, les textes essentiels, ainsi que les événements marquants qui ont jalonné les débuts du mouvement féministe, jusqu'à la lutte pour le droit de vote.

Les Lumières, la Révolution française et les droits de l'homme

Le XVIIIe siècle a été marqué par le mouvement des Lumières, un courant philosophique qui mettait l'accent sur la raison, la science et l'importance des droits individuels. Des penseurs comme John Locke, Voltaire et Jean-Jacques Rousseau ont largement écrit sur la liberté et l'égalité, bien que leurs idées soient souvent limitées aux hommes. Cependant, l'environnement intellectuel des

Lumières a permis à certaines femmes de commencer à revendiquer l'application de ces mêmes principes à leur égard. Pour la première fois dans l'histoire moderne, des questions relatives aux rôles de genre ont été soulevées, bien que de manière timide, du moins au début.

Avec la Révolution française (1789-1799), les femmes élèvent enfin davantage la voix et participent activement aux luttes pour la liberté et l'égalité, revendiquant leur propre place et espérant que la nouvelle ère leur accorderait plus de droits. Cependant, malgré leur contribution, les lois révolutionnaires continuent d'exclure les femmes de la citoyenneté active. Cette exclusion a conduit certaines figures féminines à exprimer ouvertement leur frustration et à exiger des changements. C'est ainsi que sont nés les premiers véritables mouvements féministes, précurseurs de ce qui se développera au cours des deux siècles suivants.

Les premières féministes

Mary Wollstonecraft

Mary Wollstonecraft, écrivaine et philosophe anglaise, est l'une des premières et des plus influentes voix du féminisme. En 1792, elle publie « A Vindication of the Rights of Woman », un texte fondateur qui plaide pour l'éducation et l'émancipation des femmes. Wollstonecraft y critique la société patriarcale qui confine les femmes à des rôles subalternes, affirmant que les femmes, tout comme les hommes, ont droit à une éducation et à une participation active à la vie publique.

Olympe de Gouges

En France, Olympe de Gouges a été l'une des figures les plus marquantes de la lutte pour les droits des femmes pendant la Révolution française. En 1791, elle publie la « Déclaration des droits de la femme et de la citoyenne », un document qui parodie la « Déclaration des droits de l'homme et du citoyen » de la Révolution, en y incluant explicitement les droits des femmes. De Gouges soutient que les femmes devraient bénéficier des mêmes droits politiques et civils que les hommes, dénonçant l'inégalité et l'oppression systématique. En plus de son engagement féministe, Olympe de Gouges s'est également élevée avec force contre l'esclavage et le racisme, luttant avec acharnement pour l'égalité des droits de toutes les minorités et des catégories historiquement marginalisées. Ses idées et ses critiques lui valent d'être arrêtée en juillet 1793, accusée de sédition et de conspiration contre l'unité de la République. Après un procès expéditif, elle est condamnée à mort et exécutée. Sa mort incarne la répression des voix dissidentes et l'intolérance envers les opinions divergentes pendant la période de la Terreur. Aujourd'hui, elle est considérée comme une icône de la résistance et de la lutte, une figure emblématique pour les mouvements féministes contemporains.

Abigail Adams

Aux États-Unis, Abigail Adams, épouse du deuxième président John Adams, a été l'une des premières femmes à revendiquer explicitement des droits pour les femmes. Dans une lettre adressée à son mari en 1776, Abigail écrit : « Souvenez-vous des femmes et soyez plus généreux et plus favorables à leur égard que ne l'ont été vos ancêtres ». Bien que sa demande n'ait pas entraîné de changement immédiat, elle représente l'un des premiers exemples de revendication de l'égalité des femmes en Amérique.

Le 19e siècle : une organisation en pleine expansion

<u>Sociétés de bienfaisance et de réforme</u>

Au XIXe siècle, de nombreuses femmes ont commencé à s'organiser au sein de sociétés de bienfaisance et de réforme. Ces organisations, souvent centrées sur des enjeux tels que l'abolition de l'esclavage, la tempérance et l'éducation, ont offert aux femmes l'opportunité de développer des compétences en matière d'organisation et de leadership. Bien que ces activités aient initialement été perçues comme des prolongements de leur rôle domestique, elles ont progressivement conduit les femmes à revendiquer des droits politiques et sociaux plus larges.

<u>Sarah Grimké et Angelina Grimké</u>

Sarah Grimké et sa sœur Angelina Grimké, nées dans une famille de planteurs du sud des États-Unis, se sont fait connaître pour leur militantisme contre l'esclavage et en faveur des droits des femmes. En 1838, Sarah Grimké a publié « Letters on the Equality of the Sexes and the Condition of Woman » (Lettres sur l'égalité des sexes et la condition de la femme), dans lesquelles elle soutenait que les femmes devaient avoir les mêmes droits que les hommes en matière d'éducation et de profession. Les sœurs Grimké ont été parmi les premières femmes à s'exprimer publiquement contre l'esclavage, et elles ont été sévèrement critiquées pour avoir défié les conventions sociales.

<u>Margaret Fuller</u>

Margaret Fuller, née Sarah Margaret Fuller le 23 mai 1810 et décédée le 19 juillet 1850, était une écrivaine, journaliste et critique littéraire américaine, l'une des premières à défendre les droits des femmes et l'éducation féminine aux États-Unis. Fuller est surtout connue pour son ouvrage Woman in the Nineteenth Century (1845), considéré comme l'un des premiers manifestes du féminisme américain. Dans ce livre, Fuller examine le statut des femmes et plaide pour l'égalité des droits entre les sexes.

En plus de son travail d'écrivaine, Fuller a été une figure centrale du mouvement transcendantaliste, un courant qui valorisait l'intuition spirituelle, l'individualisme et la connexion avec la nature comme moyens d'accéder à la vérité et à la compréhension. Elle a collaboré étroitement avec des personnalités telles que Ralph Waldo Emerson et Henry David Thoreau. Fuller a également été rédactrice pour le magazine transcendantaliste The Dial et critique littéraire pour le New York Tribune, devenant ainsi la première femme à occuper un poste éditorial de haut niveau dans un journal américain.

En 1846, Fuller se rend en Europe en tant que correspondante étrangère et assiste aux révolutions de 1848 en Italie, où elle tombe amoureuse du révolutionnaire italien Giovanni Angelo Ossoli. Tragiquement, Fuller meurt dans le naufrage du bateau qui la ramenait en Amérique, au large de Fire Island, dans l'État de New York, en 1850.

Margaret Fuller est considérée comme une pionnière du féminisme et une figure influente du paysage littéraire et intellectuel du XIXe siècle.

<u>Seneca Falls Convention</u>

La convention de Seneca Falls de 1848 est un événement marquant qui a marqué le début du mouvement organisé pour les droits des femmes aux États-Unis. Organisée par Elizabeth Cady Stanton et Lucretia Mott, cette convention a rassemblé environ 300 personnes, hommes et femmes, pour débattre des droits des femmes. La « Déclaration de sentiments », rédigée lors de la convention, dénonce les injustices subies par les femmes et réclame l'égalité dans tous les aspects de la vie, y compris l'éducation, l'emploi et la participation politique. Bien que cet événement ait semblé insignifiant à l'époque, il s'est révélé être le point de départ du mouvement féministe organisé aux États-Unis.

Premières publications et textes fondamentaux

"A Vindication of the Rights of Woman" - Mary Wollstonecraft

Comme nous l'avons déjà mentionné, l'ouvrage de Mary Wollstonecraft intitulé « A Vindication of the Rights of Woman » est l'un des textes fondamentaux du féminisme. Wollstonecraft a critiqué l'éducation limitée des femmes et a soutenu que seule l'éducation pouvait permettre aux femmes de devenir des membres utiles et indépendants de la société. Son œuvre a inspiré de nombreuses autres féministes et jeté les bases des luttes futures pour les droits des femmes.

"Letters on the Equality of the Sexes and the Condition of Woman" - Sarah Grimké

Les lettres de Sarah Grimké ont eu un impact significatif sur le mouvement féministe aux États-Unis. Grimké affirmait que la subordination des femmes était contraire aux principes d'égalité et de justice, et que la société ne pourrait jamais progresser pleinement tant que les femmes ne seraient pas intégrées à part entière dans la vie politique et sociale. Ses lettres traitent de divers aspects de l'inégalité entre les sexes, tels que l'éducation, le travail et la participation politique. Grimké soutenait que les femmes devaient être traitées sur un pied d'égalité avec les hommes dans tous les domaines de la vie.

"Woman in the Nineteenth Century" - Margaret Fuller

Le livre de Margaret Fuller a été l'un des premiers textes féministes publiés aux États-Unis. Fuller y explore le statut des femmes et affirme que celles-ci ont droit à la même éducation et aux mêmes opportunités que les hommes. Son ouvrage a exercé une influence durable sur le mouvement féministe et a contribué à sensibiliser le public à la question des droits des femmes.

« Déclaration des droits de la femme et de la citoyenne » - Olympe de Gouges

Olympe de Gouges a rédigé la « Déclaration des droits de la femme et de la citoyenne » en réponse à la « Déclaration des droits de l'homme et du citoyen ». Elle soutenait que les femmes devaient bénéficier des mêmes droits politiques et civils que les hommes. Sa déclaration était un acte de défi envers la société patriarcale française et a contribué à inspirer les générations futures de féministes.

L'impact des premières voix du féminisme

Les premières voix du féminisme aux XVIIIe et XIXe siècles ont eu un impact profond sur la société. Elles ont remis en question les normes sociales et culturelles, critiquant l'inégalité et l'oppression des femmes. Bien qu'elles n'aient pas été largement suivies à l'époque, leurs idées ont jeté les bases du mouvement féministe organisé et ont inspiré des générations de femmes à se battre pour leurs droits. Ces pionnières n'ont jamais vraiment vu les changements qu'elles espéraient de leur vivant, mais il est probable qu'elles seraient fières de constater que leur travail a été le point de départ de nombreux bouleversements historiques. Aujourd'hui, de nombreuses avancées que nous tenons pour acquises trouvent leurs racines dans leurs réflexions et leur combat.

Éducation

L'un des impacts les plus significatifs des premières voix du féminisme a été l'accent mis sur l'éducation des femmes. Wollstonecraft, Grimké, Fuller et d'autres ont soutenu que seule l'éducation permettait aux femmes de devenir indépendantes et de participer pleinement à la société. Cela a conduit à une augmentation des opportunités éducatives pour les femmes au cours du XIXe siècle, avec la création d'écoles et de collèges spécialement dédiés aux femmes. Comme mentionné dans le chapitre précédent, l'éducation reste aujourd'hui le moyen de communication le plus puissant, et c'est un domaine qu'il est crucial de surveiller et de mettre à jour régulièrement, ce qui n'est peut-être pas toujours le cas.

Travail

Les premières féministes ont également contesté la ségrégation entre les sexes dans le monde du travail. Elles soutenaient que les femmes devaient avoir accès aux mêmes opportunités d'emploi que les hommes. Cela a engendré un changement lent mais constant des perceptions sociales concernant le travail des femmes, ouvrant la voie aux luttes futures pour l'égalité des salaires et des chances sur le lieu de travail.

Droits civils et politiques

Bien que le droit de vote des femmes n'ait pas encore été obtenu, les premières voix du féminisme ont jeté les bases de la lutte pour les droits civils et politiques des femmes. La « Déclaration de sentiments » de la Convention de Seneca Falls est un document fondamental qui met en lumière les injustices subies par les femmes et réclame l'égalité dans tous les aspects de la vie. Ce document a inspiré les futures campagnes en faveur du droit de vote et de la participation politique des femmes.

Difficultés et résistances

Malgré les premiers succès et l'émergence de petits groupes féministes, la société patriarcale restait si solidement ancrée que ces femmes peinaient à s'affirmer et à se faire entendre. La société réagissait vivement, ou au contraire minimisait leurs revendications, qualifiant les féministes de radicales ou de dangereuses. Sans forcément aller jusqu'au cas extrême d'Olympe de Gouges, qui a perdu la vie pour ses combats, les femmes s'exprimant publiquement contre les inégalités hommes-femmes étaient souvent snobées, moquées, voire considérées comme des menaces pour l'ordre social.

Lorsque les féministes ont commencé à faire entendre leur voix, notamment au XIXe siècle, de nombreux hommes (et femmes) conservateurs voyaient dans leurs idées une menace pour les structures sociales établies. Les féministes étaient souvent accusées de vouloir détruire la famille et les valeurs traditionnelles. Cela vous semble-t-il nouveau ? Et pourquoi pas ? Comprenez-vous donc pourquoi il est encore nécessaire de faire d'énormes progrès aujourd'hui ? Même en 2024, les mêmes critiques sont adressées à ceux qui réclament la reconnaissance des droits et libertés civiques fondamentaux.

Ces obstacles ont indubitablement freiné l'obtention du soutien nécessaire pour les féministes, bien que la mèche ait finalement été allumée. Les lois et les politiques de l'époque étaient souvent hostiles aux idées féministes. Les femmes avaient peu de droits légaux, et les lois soutenaient fréquemment la subordination des femmes aux hommes. Il était donc logiquement difficile pour les féministes d'obtenir des changements juridiques significatifs, car elles devaient agir dans le cadre de lois opposées aux principes mêmes qu'elles défendaient. De plus, elles se heurtaient à d'énormes barrières culturelles qui considéraient les femmes comme notoirement inférieures aux hommes. Ces idées étaient parfois si enracinées que même les femmes elles-mêmes, sans empathie pour les féministes, s'opposaient souvent à leurs revendications.

Cette situation a probablement généré beaucoup de frustration parmi les militantes. Toutefois, grâce à l'éducation et au militantisme, elles ont lentement commencé à changer ces perceptions culturelles, élargissant progressivement leur sphère d'influence, jusqu'à atteindre les portes du suffrage universel.

Suffrage des femmes : La lutte pour le droit de vote des femmes.

La lutte pour le droit de vote des femmes a été l'une des batailles les plus importantes et les plus durables de l'histoire des droits civiques. Ce mouvement, qui s'est étendu sur plus d'un siècle, a vu des femmes du monde entier s'organiser, protester, et même subir arrestations et violences pour obtenir ce droit fondamental. Le suffrage féminin n'a pas seulement transformé la politique, il a également profondément modifié la société en remettant en cause les normes de genre et en promouvant l'égalité. Ce texte explore les origines du mouvement suffragiste, les figures clés, les stratégies employées, les défis rencontrés, ainsi que les impacts durables du suffrage féminin.

Les premières revendications pour le droit de vote des femmes remontent à la fin du XVIIIe siècle. Cependant, c'est au XIXe siècle que le mouvement suffragiste commence véritablement à prendre forme. Dans de nombreux pays occidentaux, des femmes commencent à s'organiser et à revendiquer l'égalité politique, inspirées par les principes de liberté et d'égalité issus du Siècle des Lumières et des révolutions américaine et française.

Revenons donc à la Convention de Seneca Falls, déjà mentionnée, organisée par Elizabeth Cady Stanton et Lucretia Mott en 1848, et considérée comme le premier rassemblement d'envergure où des femmes discutent de leurs droits, même si la prise de conscience n'était peut-être pas encore totale à l'époque. La « Déclaration de sentiments », rédigée pendant la convention sur le modèle de la « Déclaration d'indépendance » américaine, réclamait l'égalité juridique et sociale pour les femmes, y compris le droit de vote. Cet événement est considéré comme le début du mouvement suffragiste organisé aux États-Unis et comme l'une des pierres angulaires du féminisme, toutes époques confondues.

En Europe, la Grande-Bretagne s'est également distinguée par son activisme dans ce domaine, en parallèle avec les États-Unis. Les premières campagnes suffragistes ont été menées par des figures telles que Mary Wollstonecraft, dont nous avons parlé précédemment. Au cours du XIXe siècle, les femmes britanniques ont commencé à s'organiser pour le suffrage, formant des groupes et des sociétés qui joueront plus tard un rôle crucial dans les campagnes du XXe siècle à travers toute l'Europe.

Les suffragistes ont mis en œuvre un large éventail de stratégies pour obtenir ce qu'elles voulaient :

- **Pétitions et manifestations :** L'une des principales stratégies du mouvement suffragiste consistait en la collecte de pétitions. Les suffragistes organisaient des campagnes de signatures à grande échelle, qu'elles présentaient ensuite aux législateurs pour démontrer le soutien populaire à la cause du suffrage. Les manifestations publiques, les marches et les rassemblements étaient tout aussi essentiels pour sensibiliser l'opinion publique et maintenir la pression sur les hommes politiques.

- **Désobéissance civile et militants :** En Grande-Bretagne, les suffragettes de la Women's Social and Political Union (WSPU) ont adopté des tactiques militantes et de désobéissance civile. Elles ont notamment perturbé des réunions publiques, brisé des vitrines, incendié des boîtes aux lettres, et même tenté de faire exploser des bâtiments publics. Ces actions avaient pour but d'attirer l'attention des médias et du public, en maintenant la question du droit de vote des femmes au cœur du débat politique.

- **Lobbying et coopération avec les politiciens :** Les suffragistes plus modérées, comme celles de la National Union of Women's Suffrage Societies (NUWSS), croyaient en l'importance du lobbying et de la collaboration avec les politiciens. Elles s'efforçaient de nouer des alliances avec des députés favorables et cherchaient à influencer la législation par des moyens légaux et pacifiques. Cette stratégie venait compléter les tactiques plus agressives des suffragettes militantes.

Comme c'est souvent le cas aujourd'hui lorsque la société se prépare à changer, le mouvement suffragiste a dû mener un combat acharné contre la société et la politique. Beaucoup d'hommes, mais aussi de nombreuses femmes, pensaient que le droit de vote devait être réservé aux hommes et que les femmes n'étaient pas aptes à faire de la politique ou à prendre des décisions. Le terrain était peu fertile, en raison de la classique « peur de perdre les valeurs traditionnelles », mais grâce à la lutte et à la persévérance, les groupes féministes ont gagné de plus en plus d'écho à l'échelle mondiale.

Les suffragistes, en particulier celles de la WSPU, ont souvent été confrontées à une répression violente de la part des autorités. Nombre d'entre elles ont été arrêtées, emprisonnées, et traitées durement dans les prisons. Les suffragettes qui entamaient des grèves de la faim en prison étaient souvent soumises à l'alimentation forcée, une pratique douloureuse et dangereuse qui a suscité la condamnation de l'opinion publique et renforcé le soutien à la cause suffragiste.

Le mouvement suffragiste n'était pas monolithique et devait faire face à des divisions internes concernant les stratégies et les objectifs. Les suffragettes militantes et modérées étaient souvent en désaccord sur les méthodes à adopter. De plus, il y avait des divergences sur la question de savoir qui devait obtenir le droit de vote en premier. Certains défenseurs du suffrage pensaient qu'il était plus réaliste de se concentrer d'abord sur le droit de vote des femmes blanches et riches, tandis que d'autres estimaient que toutes les femmes, indépendamment de leur race et de leur classe sociale, devaient être incluses dans la lutte. Ces divisions n'étaient pas légères ; il y a eu de véritables affrontements, même entre différents groupes féministes, prouvant que quelque chose de profond était en train de se produire, capable de bouleverser à jamais la vie politique des principales sociétés occidentales.

Les victoires du suffrage

<u>Le Royaume-Uni</u>

En Grande-Bretagne, la Première Guerre mondiale (1914-1918) a eu un impact significatif sur le mouvement suffragiste. Pendant la guerre, de nombreuses femmes ont remplacé les hommes dans les emplois et les services militaires, démontrant ainsi leurs compétences et soulignant l'importance d'une population féminine éduquée, compétente et socialement active, cruciale dans de telles circonstances. Cela a contribué à modifier la perception des femmes par le public et à renforcer le soutien au suffrage féminin. En 1918, le Parlement a adopté la loi sur la représentation du peuple, qui accordait le droit de vote aux femmes de plus de 30 ans possédant des biens ou mariées à des propriétaires. Dix ans plus tard, en 1928, toutes les femmes britanniques âgées de plus de 21 ans ont obtenu le droit de vote, alignant ainsi leurs droits sur ceux des hommes.

Les États-Unis

Aux États-Unis, malgré la présence de tactiques agressives et militantes, la lutte pour le droit de vote des femmes a été marquée par un caractère plus pacifique qu'en Grande-Bretagne. Elle a abouti en 1920 avec la ratification du 19e amendement à la Constitution, qui interdisait toute discrimination en matière de droit de vote fondée sur le sexe.

Autres pays

Le succès du mouvement suffragiste en Grande-Bretagne et aux États-Unis a inspiré des campagnes en faveur du droit de vote des femmes dans de nombreux autres pays. Le « monde anglo-saxon », pour des raisons évidentes, a été parmi les premiers à réagir, avec la Nouvelle-Zélande et l'Australie rejoignant rapidement les États-Unis et le Royaume-Uni. La Finlande a suivi en 1906, puis le Canada entre 1916 et 1918. Au cours des décennies suivantes, tous les pays du bloc occidental ont progressivement accordé le droit de vote aux femmes, bien que les calendriers aient varié d'un pays à l'autre. Il est important de noter qu'après les succès des États-Unis et de la Grande-Bretagne, chaque pays, sans exception, a vu émerger son propre mouvement suffragiste, plus ou moins influent, tous inspirés par le mouvement mondial.

L'impact du suffrage féminin

L'obtention du droit de vote a eu un impact profond sur la politique. Les femmes ont commencé à participer activement aux élections, à la fois en tant qu'électrices et candidates, ce qui a mis en lumière des enjeux jusque-là négligés, tels que l'égalité des sexes, les droits reproductifs, l'égalité salariale, la protection contre la violence domestique, ainsi que les premières propositions de nouveaux modèles familiaux adaptés aux exigences d'une société en pleine évolution. Tous les partis politiques, même les plus conservateurs, ont dû prendre en compte ces questions ou du moins en discuter, alors qu'elles étaient auparavant ignorées ou considérées comme acquises. Même pour les conservateurs, prendre position contre certaines idées progressistes, autrefois anodin, est devenu un enjeu important aujourd'hui.

Les victoires des mouvements suffragistes ont également entraîné d'importants changements sociaux et culturels. Elles ont remis en question et transformé les normes de genre, prouvant que les femmes pouvaient participer avec succès à la vie publique. Ces victoires, bien qu'elles ne représentaient que le début, ont créé un précédent et ouvert la voie à d'autres luttes et avancées en matière de droits des femmes et d'autres minorités. En bref, la lutte pour le suffrage a instauré une culture de l'activisme et de la résistance, ouvrant la voie à d'autres combats qui en découlent directement, comme le droit à l'avortement, sujet qui, de manière surprenante, reste encore débattu aujourd'hui, comme s'il y avait encore quelque chose à remettre en question !

Enfin, le suffrage féminin a eu un impact positif sur l'accès des femmes à l'éducation et à l'emploi. Grâce au droit de vote, les femmes ont pu influencer la législation relative à l'éducation, facilitant ainsi leur accès à l'enseignement supérieur et aux opportunités professionnelles.

En résumé, les suffragettes ont prouvé qu'en unissant leurs forces et en luttant, on peut obtenir ce qui nous est dû. Cette affirmation peut sembler évidente, et elle l'est certainement, mais en 2024, nous rappelons-nous vraiment de cette leçon ? Si oui, pourquoi débattons-nous encore de questions qui ne devraient même plus faire l'objet de discussions, comme l'avortement ou l'inclusion de nouveaux types de familles autres que la famille traditionnelle ? Peut-être serait-il temps de relire les actions des suffragettes et d'y trouver des réponses.

Les grandes personnalités du mouvement

<u>Susan B. Anthony et Elizabeth Cady Stanton</u>

Susan B. Anthony et Elizabeth Cady Stanton sont deux figures emblématiques du mouvement pour les droits des femmes aux États-Unis, dont les vies et carrières se sont entrelacées au cours d'un partenariat qui a duré plus de cinquante ans.

Elizabeth Cady Stanton est née le 12 novembre 1815 à Johnstown, dans l'État de New York. Élevée dans une famille aisée et cultivée, elle a très tôt manifesté un vif intérêt pour la justice sociale. L'exposition précoce aux injustices subies par les femmes, notamment à travers les activités juridiques de son père, a nourri sa détermination à lutter pour leurs droits. Stanton a été l'une des principales organisatrices de la Convention de Seneca Falls en 1848, où elle a présenté la « Déclaration des sentiments », un document inspiré de la Déclaration d'indépendance, réclamant l'égalité juridique et sociale pour les femmes, y compris le droit de vote.

Susan B. Anthony, quant à elle, est née le 15 février 1820 à Adams, dans le Massachusetts. Contrairement à sa collègue, Susan a grandi dans une famille quaker aux idées résolument progressistes, qui valorisait l'égalité et l'éducation.

Anthony et Stanton se sont rencontrées en 1851, entamant ainsi une collaboration qui allait transformer le mouvement pour les droits des femmes aux États-Unis. Alors que Stanton était le génie créatif et théorique, Anthony était l'infatigable stratège, connue pour son sens de l'organisation et sa détermination. Ensemble, elles ont fondé la National Woman Suffrage Association (NWSA) en 1869, avec pour objectif principal d'obtenir le droit de vote pour les femmes par le biais d'un amendement à la Constitution américaine. Leur collaboration a donné lieu à de nombreux discours, articles et pétitions, sensibilisant l'opinion publique et influençant les hommes politiques.

En 1872, Susan B. Anthony a marqué l'histoire du mouvement suffragiste en étant arrêtée pour avoir voté illégalement lors de l'élection présidentielle. Lors de son procès, elle a prononcé un discours fondateur pour le féminisme et la lutte suffragiste, dénonçant l'injustice du refus du droit de vote aux femmes. Bien qu'elle ait été reconnue coupable, ce procès a attiré l'attention du pays sur la question du suffrage des femmes.

Le travail de Stanton et d'Anthony a jeté les bases du succès du mouvement suffragiste. Bien qu'aucune des deux n'ait vécu assez longtemps pour voir l'adoption du dix-neuvième amendement en 1920, qui accordait le droit de vote aux femmes américaines, leur contribution a été cruciale pour cette réalisation historique.

Elizabeth Cady Stanton est décédée en 1902, suivie par Susan B. Anthony en 1906.

Emmeline Pankhurst

Emmeline Pankhurst est l'une des figures les plus emblématiques du mouvement pour le droit de vote des femmes en Grande-Bretagne. Comme nous allons le voir, elle a adopté des stratégies résolument différentes de celles de ses homologues américaines. Née le 15 juillet 1858 à Manchester, dans une famille politiquement active, Pankhurst a grandi avec une forte conscience de l'injustice sociale, qui s'est transformée en une vie consacrée à la lutte pour les droits des femmes.

En 1903, Emmeline Pankhurst a fondé la Women's Social and Political Union (WSPU), une organisation qui allait révolutionner le mouvement suffragiste par ses tactiques militantes et provocatrices. La WSPU a adopté la devise « Des actes, pas des mots », car après de multiples tentatives infructueuses par des moyens pacifiques, Pankhurst a décidé de recourir à une stratégie bien plus agressive. Sous sa direction, les suffragettes de la WSPU ont organisé des manifestations, des grèves de la faim et des actes de désobéissance civile, incluant souvent des dommages matériels et des affrontements avec la police. Elles ont fait preuve d'un courage et d'une combativité qui ont surpris les hommes, qui avaient jusque-là sous-estimé la force et la détermination de ce mouvement.

Pankhurst elle-même a été arrêtée à de nombreuses reprises et a subi de durs traitements en prison, y compris l'alimentation forcée lors de ses grèves de la faim. Ces expériences n'ont fait que renforcer sa détermination et la visibilité du mouvement. Son leadership charismatique et sa volonté inébranlable ont attiré de nombreux hommes et femmes à rejoindre la cause.

La Première Guerre mondiale a marqué un tournant décisif. La WSPU a suspendu ses activités militantes pour soutenir l'effort de guerre britannique, démontrant ainsi le patriotisme des suffragettes. Ce geste a contribué à faire évoluer l'opinion publique et politique en faveur du suffrage des femmes. En plus de leur ténacité et de leur courage, les militantes de la WSPU ont su exploiter la conjoncture de la guerre pour gagner l'acceptation de l'opinion publique, un élément crucial dans leur succès.

En 1918, la loi sur la représentation du peuple (Representation of the People Act) a accordé le droit de vote aux femmes britanniques de plus de 30 ans qui possédaient des biens. Bien qu'Emmeline Pankhurst n'ait pas vécu assez longtemps pour voir l'extension complète du droit de vote aux femmes en 1928, sa contribution au mouvement a été inestimable. Elle est décédée le 14 juin 1928, laissant derrière elle un héritage de courage et de changement social qui continue d'inspirer les mouvements pour les droits des femmes dans le monde entier.

Millicent Fawcett

En ce qui concerne le mouvement des suffragistes en Grande-Bretagne, Millicent Fawcett a effectivement incarné le contrepoint d'Emmeline Pankhurst, du moins en termes de méthodes de lutte. Elle est particulièrement connue pour son approche stratégique et pacifique. Née le 11 juin 1847 à Aldeburgh, en Angleterre, Fawcett a grandi dans une famille progressiste et aisée. Dès son plus jeune âge, elle s'est investie avec passion dans la promotion de l'éducation et des droits des femmes.

À l'âge de 19 ans, elle s'engage dans la lutte pour le droit de vote des femmes, inspirée par les idées du philosophe John Stuart Mill, ardent défenseur des droits des femmes. En 1867, Fawcett a contribué à la campagne de Mill visant à inclure le droit de vote des femmes dans le Reform Act, bien que cette tentative ait échoué.

En 1897, Fawcett prend la tête de la National Union of Women's Suffrage Societies (NUWSS), une organisation représentant l'aile modérée du mouvement suffragiste britannique. Sous sa direction, la NUWSS adopte des tactiques légales et pacifiques pour promouvoir le suffrage des femmes, utilisant notamment des pétitions, des actions de lobbying et des campagnes d'éducation. Fawcett était convaincue qu'une approche rationnelle et non violente permettrait de gagner le respect et le soutien du public ainsi que des législateurs.

Pendant la Première Guerre mondiale, la NUWSS, tout comme la WSPU, a soutenu l'effort de guerre, démontrant ainsi que les femmes pouvaient contribuer de manière significative à la société en temps de crise. Ce soutien a joué un rôle crucial dans le changement de l'opinion publique et a ouvert la voie à des avancées législatives ultérieures, notamment la loi sur la représentation du peuple (Representation of the People Act) de 1918. Cette période a une fois de plus montré comment, malgré les horreurs de la guerre, la Première Guerre mondiale a offert un terrain fertile pour les femmes qui ont su agir de manière stratégique pour obtenir des droits. La NUWSS et la WSPU, malgré leurs divergences, se sont retrouvées à soutenir la Grande-Bretagne de la manière la plus efficace possible durant cette période, écrivant ainsi une page essentielle de l'histoire des droits des femmes dans le monde.

Millicent Fawcett est restée une voix influente pour les droits des femmes jusqu'à sa mort, le 5 août 1929.

Chapitre 3 : La deuxième vague féministe

Le 20e siècle : la résurgence du féminisme après la Seconde Guerre mondiale

La période comprise entre la fin de la Première Guerre mondiale et la fin de la Seconde a marqué un ralentissement des luttes féministes pour deux raisons principales, qui peuvent sembler évidentes mais qu'il est tout de même important de rappeler :

- Le déplacement de l'attention vers les conflits mondiaux et les tensions politiques internationales ;
- Le succès des premiers mouvements féministes, qui, après avoir obtenu des droits fondamentaux initiaux, ont légèrement relâché leurs efforts pendant quelques années.

Après la fin de la Seconde Guerre mondiale, le féminisme a cependant connu une phase de renouveau et de transformation qui a profondément marqué la seconde moitié du XXe siècle. Cette période, qui s'étend des années 1950 aux années 1980, est souvent appelée la « deuxième vague » du féminisme. Au cours de ces décennies, le mouvement féministe a évolué et élargi son champ d'action, en se concentrant sur un large éventail de questions telles que les droits du travail, les droits génésiques, la violence fondée sur le sexe et la représentation politique.

Ce qui a déclenché cette deuxième vague féministe, c'est principalement le fait qu'une fois les guerres terminées, les hommes sont retournés - évidemment et je dirais aussi heureusement, dans ce cas - aux emplois qu'ils occupaient avant les conflits, tandis que les femmes - qui les avaient remplacés entre-temps - ont été repoussées à leurs rôles domestiques, marquant, en fait, un recul par rapport aux luttes de la première décennie du 20e siècle.

Il est donc normal de penser que cette transition forcée a généré un mécontentement croissant chez de nombreuses femmes, qui avaient connu l'indépendance économique et un sentiment d'épanouissement personnel pendant la guerre. On pourrait presque dire que, sans l'énorme tragédie des événements de ces décennies, les femmes ont vécu leur meilleur moment pendant les conflits.

L'après-guerre a également été une période de croissance économique et de changement social. La prospérité croissante et l'expansion de la classe moyenne ont permis aux femmes d'accéder plus facilement à l'enseignement supérieur et à de nouvelles possibilités d'emploi. Toutefois, ces opportunités étaient souvent limitées et caractérisées par une discrimination fondée sur le sexe, des salaires inférieurs et peu de possibilités d'avancement.

<u>Le début de la deuxième vague - La publication de « The Feminine Mystique »</u>

En 1963, Betty Friedan a publié The Feminine Mystique, un livre qui explorait l'insatisfaction généralisée des femmes au foyer américaines. Friedan y décrit le « problème sans nom » qui affligeait de nombreuses femmes, se sentant piégées dans leur rôle domestique sans possibilité d'épanouissement personnel. Ce livre est rapidement devenu un best-seller, donnant la parole à une génération de femmes qui se sentaient isolées dans leur foyer.

Trois ans après la publication de cet ouvrage, Friedan, avec d'autres activistes, a fondé la National Organization for Women (NOW), dans le but de promouvoir les droits des femmes et l'égalité des sexes. NOW a mené des actions de lobbying, des poursuites judiciaires et des campagnes de sensibilisation pour lutter contre la discrimination dans les domaines de l'emploi, de l'éducation et de la politique. Dans les pages suivantes, nous examinerons de plus près l'impact de Betty Friedan.

<u>Thèmes et objectifs de la deuxième vague</u>

Les principaux objectifs de la deuxième vague du féminisme ressemblent de plus en plus aux discussions que nous rencontrons encore presque quotidiennement aujourd'hui. Tout d'abord, les militantes se sont battues avec acharnement pour une plus grande égalité au travail, réclamant l'égalité des salaires, de meilleures perspectives de carrière et la condamnation de la discrimination fondée sur le sexe. La campagne en faveur de l'Equal Pay Act de 1963 et du Civil Rights Act de 1964, qui incluaient des dispositions contre la discrimination sexuelle, a constitué des victoires importantes. Cependant, l'égalité totale sur le lieu de travail restait (et reste encore aujourd'hui, à l'échelle mondiale) un objectif éloigné, et les féministes n'ont jamais cessé de se battre pour l'atteindre.

Une autre grande question, toujours d'actualité, est celle des droits reproductifs. Les féministes ont exigé un accès garanti à la contraception ainsi que le droit à un avortement sûr et légal. L'arrêt Roe v. Wade de 1973 de la Cour suprême des États-Unis, qui a légalisé l'avortement à l'échelle nationale, a été une victoire historique. Pourtant, plus de 50 ans plus tard, même dans de nombreux pays développés et occidentaux, l'avortement n'est toujours pas un choix facile, et de nombreux obstacles subsistent (il suffit de penser aux récents événements dans certains États américains ou à la situation dans des pays européens comme l'Italie, la Pologne ou Malte, où l'accès à l'avortement reste loin d'être garanti). Cela dit, cette réalisation du début des années 1970 a marqué un tournant majeur en matière de contrôle des choix reproductifs et a mis en lumière l'importance de la santé et de l'autonomie des femmes. Malgré les défis actuels, il s'agit toujours d'une étape cruciale dans la lutte pour l'égalité.

Enfin, la dernière grande question abordée est celle de la violence fondée sur le genre, qui est devenue un pilier central du mouvement féministe. Les féministes ont commencé à dénoncer la violence domestique, le viol et d'autres formes de violence sexuelle comme des problèmes systémiques. La création de refuges pour les victimes de violence domestique et les campagnes pour des lois plus strictes contre les abus ont été des étapes essentielles. Le mouvement a mis en lumière l'omniprésence de la violence basée sur le genre et la nécessité d'une réponse institutionnelle adéquate. Pour comprendre à quel point certaines avancées sont récentes, il suffit de penser que, dans de nombreux pays, les peines pour les crimes d'honneur n'ont été abolies qu'entre les années 1970 et 1980, ce qui nous rappelle que des réalisations que nous tenons aujourd'hui pour acquises sont encore relativement récentes.

Conscience de soi et solidarité des femmes

La prise de conscience de soi est devenue une pratique courante parmi les féministes. Les femmes se réunissaient en petits groupes pour partager leurs expériences personnelles d'oppression et de discrimination. Ces rencontres offraient non seulement un soutien émotionnel, mais permettaient également aux femmes de comprendre que leurs difficultés individuelles faisaient partie d'une structure sociale plus large. Cette pratique a renforcé la solidarité féminine et a posé les bases d'une action collective plus efficace.

<u>La croissance du mouvement dans les années 1970</u>

Dans les années 70, les mouvements féministes se sont développés et diversifiés, s'adaptant aux contextes locaux dans lesquels ils évoluaient, intégrant ainsi divers aspects de la lutte pour l'égalité entre les hommes et les femmes. Le mouvement est devenu plus inclusif dans l'ensemble, avec une prise de conscience croissante des différences de race, de classe et d'orientation sexuelle. Bien que le concept d'intersectionnalité (que nous aborderons prochainement) n'ait pas encore été pleinement développé, des discussions ont commencé à émerger sur la nécessité d'aborder les multiples formes d'oppression auxquelles les femmes pouvaient être confrontées.

Les féministes ont travaillé sans relâche pour influencer la législation et les politiques publiques. Les lois contre la discrimination fondée sur le sexe sur le lieu de travail et dans les établissements d'enseignement ont été renforcées. Le Titre IX de 1972 a interdit la discrimination fondée sur le sexe dans les établissements d'enseignement recevant des fonds fédéraux, ouvrant ainsi de nouvelles perspectives aux femmes dans le domaine du sport et de l'enseignement supérieur. Les féministes se sont également battues pour l'amendement sur l'égalité des droits (ERA), un amendement à la Constitution américaine qui aurait garanti l'égalité des sexes. Bien que l'ERA n'ait jamais été ratifié, sa campagne a permis de sensibiliser le public à l'importance de l'égalité des sexes.

<u>Les droits des homosexuels</u>

L'une des pierres angulaires de l'expansion du mouvement féministe à partir des années 1970 a été son imbrication avec le mouvement des droits des homosexuels. Les lesbiennes féministes, en particulier, ont joué un rôle important dans la promotion des droits des LGBTQ+ (ce terme avait probablement moins de lettres à l'époque, car le mouvement est devenu depuis de plus en plus inclusif et multiforme) et dans la remise en question des normes de genre hétéronormatives.

<u>Critiques au sein du mouvement féministe</u>

Comparé au premier mouvement féministe, qui connaissait des divisions internes mais restait fondamentalement uni par des principes communs, le second mouvement féministe était nettement moins monolithique et marqué par diverses divisions internes. Certaines féministes adoptaient une position plus radicale, croyant en la nécessité de transformer complètement la société, tandis que d'autres préféraient une approche plus réformiste, cherchant à travailler au sein du système existant pour apporter des changements. Ces divergences de stratégie et d'objectifs ont entraîné des tensions et des conflits au sein du mouvement.

En plus des différences de modus operandi, des tensions sont également apparues au sein des groupes féministes majoritairement composés de femmes noires, latines ou asiatiques, souvent marginalisées par le mouvement principal, dirigé essentiellement par des femmes blanches de la classe moyenne ou supérieure. Ces tensions internes étaient exacerbées par les critiques externes habituelles, qui voyaient le féminisme comme une menace pour la structure traditionnelle et décrivaient les féministes comme des « extrémistes probablement frustrées, qui détestent les hommes ».

Malgré ces défis, la deuxième vague du féminisme a apporté des avancées significatives, même si elles n'étaient pas aussi « nettes » que celles obtenues par les suffragettes, dans de nombreux domaines, tels que l'éducation, le travail, les arts et le sport. Le nombre de femmes capables de se frayer un chemin dans des milieux traditionnellement dominés par les hommes a considérablement augmenté, créant un environnement culturel propice à la redéfinition des attentes et des aspirations des femmes.

De plus, cette deuxième vague a rassemblé un nombre bien plus important de femmes que la première : beaucoup plus de femmes se sont identifiées au mouvement et l'ont soutenu d'une manière ou d'une autre. Grâce à ces nouveaux groupes, les premiers centres anti-violence et les structures de soutien dédiés aux femmes et aux minorités de genre, tels que les centres d'aide juridique et les centres de conseil spécialisés, ont vu le jour, en particulier en Amérique du Nord et en Europe occidentale. Ces services ont eu un impact significatif sur la vie de nombreuses femmes, leur offrant la possibilité de reconstruire leur vie dans la sécurité et la dignité.

Droits civils et féminisme : Intersections et influences mutuelles

La période allant de l'après-guerre aux années 1980 a été marquée par des mouvements de masse qui ont profondément transformé la société occidentale, et pas seulement par le féminisme. Les mouvements pour les droits civiques ont peut-être été les plus influents de tout le siècle dernier. Bien qu'ils aient initialement évolué en parallèle aux mouvements féministes, une compréhension plus profonde de leurs interconnexions a émergé avec le temps, donnant naissance au concept de féminisme intersectionnel. Ce terme, qui semble encore effrayer certains pour des raisons obscures, ne représente pourtant que l'évolution naturelle de plusieurs groupes minoritaires réclamant fondamentalement la même chose : l'égalité.

Après la Seconde Guerre mondiale, le mouvement des droits civiques aux États-Unis a pris de l'ampleur. Les Afro-Américains, fatigués de la ségrégation raciale et de la discrimination systématique, ont commencé à s'organiser pour contester les lois Jim Crow et d'autres formes d'oppression. La lutte pour l'égalité raciale a atteint son apogée dans les années 1950 et 1960, avec des événements clés tels que le boycott des bus de Montgomery, la marche sur Washington et la signature de la loi sur les droits civils de 1964 et de la loi sur le droit de vote de 1965.

La prise de conscience de l'importance de l'intersectionnalité dans la lutte pour les droits a été principalement le fait des femmes afro-américaines, qui, en raison de leur double discrimination, ont joué un rôle crucial dans les deux mouvements. Bien qu'elles n'aient souvent pas reçu la reconnaissance qu'elles méritaient, des figures comme Rosa Parks, Ella Baker et Fannie Lou Hamer ont été déterminantes dans l'organisation et la direction du mouvement. Ces expériences ont formé une génération de femmes afro-américaines qui deviendraient plus tard des leaders du mouvement féministe, apportant avec elles une compréhension des intersections entre la race et le genre.

Le mouvement des droits civiques a eu une profonde influence sur le féminisme de la deuxième vague. Les tactiques de protestation non violente, de lobbying législatif et d'organisation de la base, employées par le mouvement des droits civiques, ont été adoptées par les féministes. En outre, la visibilité et le succès du mouvement des droits civiques ont inspiré les femmes à se battre pour leurs droits, démontrant que le changement était possible grâce à l'action collective. Plus important encore, ce mouvement a donné un élan considérable au féminisme, tant en termes de mobilisation que de notoriété et de présence dans la sphère publique.

Intersectionnalité

Le concept d'intersectionnalité a été formellement développé par l'universitaire Kimberlé Crenshaw dans les années 1980, mais ses racines plongent dans les expériences des femmes noires et d'autres minorités au sein des mouvements féministes et des droits civiques. L'intersectionnalité reconnaît que les individus peuvent être opprimés ou privilégiés en fonction de multiples aspects de leur identité, tels que le sexe, la race, la classe, l'orientation sexuelle, etc. Ce concept est devenu un pilier central du féminisme moderne, qui cherche à combattre les multiples formes de discrimination auxquelles les femmes peuvent être confrontées.

Les femmes noires, par exemple, ont souvent dû naviguer entre deux mondes : le mouvement des droits civiques, qui négligeait parfois les questions de genre, et le mouvement féministe, qui peinait souvent à reconnaître pleinement les expériences des femmes noires. Cette double contrainte a conduit à l'émergence de groupes féministes noirs, tels que le Combahee River Collective, qui a formulé une critique intersectionnelle de la société. Dans leur déclaration de 1977, le Combahee River Collective a souligné la nécessité d'une approche intersectionnelle reconnaissant l'interconnexion des oppressions liées à la race, au genre, à la sexualité et à la classe.

L'émergence de l'intersectionnalité a eu un impact significatif sur l'agenda féministe. Les féministes ont commencé à reconnaître la nécessité de prendre en compte les diverses expériences d'oppression vécues par les femmes de couleur, les femmes pauvres, les femmes LGBTQ+ et d'autres minorités. Cela a conduit à un féminisme plus inclusif et plus nuancé, capable de s'attaquer à de multiples formes d'injustice.

Le mouvement des droits civiques a également eu une influence profonde sur les stratégies de protestation et d'organisation du mouvement féministe. Les marches, les sit-in, les pétitions et d'autres formes de désobéissance civile, utilisés par le mouvement des droits civiques, ont été adoptés par les féministes pour attirer l'attention sur les questions de genre. Par exemple, les célèbres manifestations contre le concours de beauté Miss America en 1968 se sont inspirées des tactiques du mouvement des droits civiques.

Il est certain que des tensions et des différences ont existé entre les divers courants des mouvements féministes et des droits civiques, ce qui est inévitable lorsque des groupes aussi divers se mobilisent. Cependant, ce sont les moments de soutien mutuel qui ont été les véritables moteurs de ces luttes, et l'inclusion des minorités a apporté une perspective unique et vitale au mouvement féministe, en liant la lutte pour les droits civiques à celle pour l'égalité des sexes. Les féministes blanches ont progressivement reconnu l'importance de la justice raciale et ont commencé à soutenir les luttes qui n'étaient pas directement liées à leur propre expérience. Cela a mené à une compréhension que les besoins des minorités et des femmes étaient étroitement liés.

Les deux mouvements se sont efforcés d'influencer la législation et d'obtenir des changements juridiques majeurs. La loi sur les droits civils de 1964 en est un exemple concret, illustrant comment les deux mouvements ont pu s'influencer mutuellement. Cette législation ne s'attaquait pas seulement à la discrimination raciale, mais offrait également un outil juridique pour lutter contre la discrimination fondée sur le sexe, démontrant ainsi les intersections entre les deux mouvements.

En résumé, l'intersectionnalité est devenue un élément fondamental du féminisme moderne, influençant la manière dont les féministes comprennent et abordent l'injustice. Le travail pionnier des féministes noires et d'autres minorités a contribué à créer un mouvement plus inclusif et plus complexe, capable de traiter les multiples formes d'oppression que les femmes peuvent subir. Cela a conduit à une plus grande prise de conscience et à un engagement plus large en faveur de la justice sociale.

Aujourd'hui, les leçons tirées de l'intersection du mouvement des droits civiques et du féminisme ont influencé de nombreux autres mouvements sociaux. Le concept d'intersectionnalité a été adopté par les mouvements en faveur des droits des personnes LGBTQ+, de la justice économique et des droits des personnes handicapées, prouvant ainsi sa pertinence et son importance continues. Les mouvements féministes et civils ont montré qu'il est possible de remporter des victoires, même contre des pouvoirs établis et séculaires, grâce à la lutte et à la persévérance, même au prix d'aller à l'encontre de l'opinion dominante. Il est essentiel de se rappeler cela aujourd'hui, surtout à une époque où il semble que nous régressions sur de nombreuses questions fondamentales. Nous avons un exemple à suivre ; il ne reste qu'à nous en inspirer et à l'appliquer.

Les protagonistes de la deuxième vague

<u>Simone de Beauvoir</u>

Simone de Beauvoir (1908-1986) est une écrivaine, philosophe, enseignante et essayiste de premier plan, reconnue pour ses contributions à la philosophie existentialiste et au féminisme. Née à Paris, elle a étudié la philosophie à la Sorbonne, où elle a rencontré Jean-Paul Sartre, avec qui elle a entretenu une relation intellectuelle et personnelle durable.

Son livre le plus célèbre, Le Deuxième Sexe (1949), est considéré comme un jalon de la pensée féministe. L'existentialisme, courant philosophique auquel elle adhère, met l'accent sur l'importance de l'individu, de la liberté et de la responsabilité personnelle, soutenant que l'essence de la vie humaine est façonnée par les choix et les actions de chacun. Sa célèbre phrase « on ne naît pas femme, on le devient » résume sa thèse selon laquelle les femmes sont façonnées par les attentes et les normes sociales.

Le Deuxième Sexe analyse divers aspects de la vie des femmes, tels que l'enfance, l'adolescence, la sexualité, le mariage, la maternité et le travail. De Beauvoir y dénonce la subordination des femmes dans une société patriarcale et critique les mythologies et stéréotypes qui les oppriment. D'abord controversé, le livre est rapidement devenu un texte phare du mouvement féministe, inspirant des générations de militantes. Les thèmes abordés dans cet ouvrage s'intègrent parfaitement aux débats contemporains, et nombre de ses théories peuvent également être appliquées à des questions concernant les hommes. Ne pourrait-on pas se demander si, tout comme les femmes, les hommes ne deviennent pas eux aussi ce qu'ils sont sous l'influence des normes sociales?

En plus de sa contribution philosophique, Simone de Beauvoir était une militante politique active. Elle a participé aux mouvements de défense des droits des femmes dans les années 1960 et 1970, défendant des causes telles que le droit à l'avortement et l'égalité sur le lieu de travail. Elle a également cofondé le mouvement Choisir, qui s'est battu pour la dépénalisation de l'avortement en France.

Bien que Simone de Beauvoir soit décédée en 1986, elle demeure une figure centrale du féminisme et de la philosophie contemporaine. Sa capacité à lier théorie et pratique, ainsi que son analyse profonde et critique de la société, continuent d'influencer le débat sur l'égalité des sexes et les droits des femmes. Son héritage intellectuel et son engagement politique représentent un phare pour ceux qui luttent pour une société plus juste et plus équitable.

<u>Betty Friedan</u>

Betty Friedan (1921-2006) est l'une des figures les plus influentes de la deuxième vague du féminisme aux États-Unis. Née à Peoria, dans l'Illinois, elle a étudié la psychologie au Smith College, puis à l'université de Californie à Berkeley. Elle a débuté sa carrière en tant que journaliste, mais c'est surtout son rôle de militante et d'écrivaine féministe qui lui a valu une place de premier plan dans l'histoire.

Son livre The Feminine Mystique (1963) est considéré comme un jalon dans l'histoire du féminisme. Dans cet ouvrage, Friedan explore le phénomène du « problème sans nom », désignant l'insatisfaction généralisée des femmes au foyer américaines dans les années 1950 et 1960. Bien qu'elles aient réalisé le « rêve américain » en ayant une famille idéale, beaucoup se sentaient incomplètes et frustrées. Friedan attribuait cette insatisfaction à une société qui confinait les femmes à des rôles domestiques, les privant ainsi de la possibilité de s'épanouir professionnellement et personnellement. Elle concluait que ce rêve américain n'était véritablement accessible qu'à une minorité déjà favorisée avant sa réalisation. Pour les autres catégories sociales, les changements étaient pratiquement inexistants, et malgré un plus grand bien-être matériel et économique, les conditions de vie quotidiennes ne s'étaient pas réellement améliorées.

The Feminine Mystique est devenu un best-seller et a déclenché un débat national, contribuant à lancer la deuxième vague du féminisme. Le livre a incité de nombreuses femmes à réévaluer leur vie et à lutter pour plus d'indépendance et d'égalité.

En 1966, Friedan a cofondé la National Organization for Women (NOW), une organisation dédiée à la promotion des droits des femmes. Sous sa direction, NOW s'est concentrée sur des enjeux tels que l'égalité salariale, les droits reproductifs, la représentation politique et la lutte contre la discrimination fondée sur le sexe. Friedan a été présidente de NOW et a joué un rôle crucial dans l'expansion de l'influence du mouvement féministe aux États-Unis.

Betty Friedan est restée une voix influente du féminisme jusqu'à sa mort en 2006, laissant derrière elle un héritage durable qui continue d'inspirer la lutte pour l'égalité des sexes.

<u>Gloria Steinem</u>

Gloria Steinem, née en 1934, est l'une des figures les plus emblématiques et influentes du mouvement féministe de la deuxième vague. Originaire de Toledo, dans l'Ohio, elle a fait ses études au Smith College. Sa carrière a débuté comme journaliste indépendante, mais elle est rapidement devenue une voix puissante et reconnue du féminisme.

En 1971, elle a cofondé le magazine Ms., une publication qui est devenue une plateforme centrale du mouvement féministe. Le magazine abordait un large éventail de questions relatives aux droits des femmes, de la violence domestique à la discrimination sur le lieu de travail, du droit à l'avortement à la représentation des femmes dans les médias. Ms. a joué un rôle crucial en attirant l'attention du grand public sur les questions féministes et en légitimant le féminisme en tant que mouvement social et politique.

Steinem est également reconnue pour son activisme politique. En 1971, elle a été l'une des fondatrices du National Women's Political Caucus, une organisation visant à accroître la représentation des femmes en politique. Son militantisme s'est étendu à un large éventail de causes, notamment les droits civiques, la paix et la justice sociale. Elle a prononcé d'innombrables discours et participé à des protestations et des manifestations à travers le pays, devenant ainsi l'une des porte-parole les plus connues du mouvement féministe.

En plus de son travail avec Ms. et le National Women's Political Caucus, Steinem a écrit de nombreux livres et articles sur les questions de genre et d'égalité. L'un de ses ouvrages les plus célèbres est Outrageous Acts and Everyday Rebellions (1983), un recueil d'essais traitant de diverses questions féministes.

Aujourd'hui encore, Gloria Steinem reste une voix influente pour le féminisme et les droits humains, continuant à s'engager dans l'activisme politique en tant que commentatrice, écrivain et organisatrice de conférences. En 2005, elle a cofondé avec l'actrice Jane Fonda le Women's Media Center, une organisation à but non lucratif dédiée à assurer la visibilité et la représentation des femmes dans les médias.

Chapitre 4 : la troisième vague féministe

Les années 1990 et 2000 : l'évolution du féminisme contemporain

Le troisième mouvement féministe, apparu dans les années 90, ne constitue pas une véritable rupture par rapport au deuxième mouvement, mais plutôt une continuation et une évolution des luttes des vagues précédentes. L'intersectionnalité devient de plus en plus un pilier central, et la critique des structures préétablies se fait plus large et plus approfondie. Contrairement aux deux premières vagues, le troisième mouvement féministe adopte une approche plus globale, englobant une gamme toujours plus large d'expériences et d'identités.

Depuis les années 90, au féminisme intersectionnel s'est ajouté le concept de féminisme transnational. La mondialisation a eu un impact significatif sur le féminisme. Les féministes ont commencé à aborder les questions de genre dans un contexte global, reconnaissant que les expériences des femmes varient considérablement en fonction des contextes culturels, économiques et politiques. Cela a conduit à l'émergence du féminisme transnational, qui se concentre sur les connexions et les solidarités entre les femmes de différentes régions du monde.

Les féministes transnationales ont compris que, malgré les avancées du féminisme intersectionnel, une attention excessive était encore accordée au monde occidental. Le féminisme transnational remet donc en question les notions occidentales d'émancipation et de progrès, en reconnaissant que les stratégies et les solutions doivent être adaptées aux contextes locaux. Cette approche a permis de traiter des problèmes spécifiques tels que les mutilations génitales féminines, le trafic d'êtres humains, les guerres et les crises économiques qui affectent les femmes de manière disproportionnée.

Une autre différence significative du troisième mouvement féministe réside dans l'utilisation de la technologie et des réseaux sociaux. Des plateformes comme Twitter, Facebook, Instagram et YouTube ont offert de nouveaux outils pour l'organisation, la mobilisation et la sensibilisation. Des campagnes virales comme #MeToo et #TimesUp ont atteint un public mondial, mettant en lumière les questions de violence sexuelle et de discrimination de genre dans divers secteurs.

Les réseaux sociaux ont également permis une plus grande démocratisation du discours féministe, donnant une voix à des groupes et des individus précédemment marginalisés. Cela a conduit à un mouvement plus horizontal et participatif, où les expériences individuelles peuvent être partagées et amplifiées à l'échelle mondiale.

Le troisième mouvement féministe a aussi adopté une compréhension plus large et complexe de l'identité de genre. Cela inclut la reconnaissance des personnes transgenres, non binaires et de genre non conforme. Le féminisme contemporain s'efforce de dépasser les conceptions binaires du genre, en promouvant l'idée que l'identité de genre est fluide et que chaque individu a le droit de se définir lui-même.

Cette perspective a conduit à une plus grande inclusivité et à une redéfinition des luttes féministes pour inclure les droits des personnes transgenres et non binaires. Cela a également soulevé des débats et des tensions au sein du mouvement, certaines féministes ayant du mal à s'adapter à cette vision élargie du genre, créant ainsi un féminisme peut-être plus fragmenté et moins uni que lors des deux premières vagues. Il est évident que plus un discours inclut d'éléments, plus il devient complexe à aborder et plus il est difficile de parvenir à un consensus, même si l'intérêt commun reste partagé.

<u>Nouvelles catégories intersectionnelles</u>

- **Le féminisme noir :** Le féminisme noir, déjà pionnier du féminisme intersectionnel lors de la deuxième vague, s'est encore davantage affirmé au cours de cette phase, devenant l'une des voix les plus puissantes de la scène féministe internationale. Des féministes noires telles que bell Hooks et Angela Davis ont mis en évidence que les expériences des femmes noires sont façonnées par une combinaison de racisme et de sexisme. Elles ont œuvré pour mettre en lumière les injustices spécifiques auxquelles les femmes noires sont confrontées, telles que la discrimination raciale, la violence policière et les inégalités économiques. Le féminisme noir a également fait progresser le concept de « soins communautaires » et encouragé la création de réseaux de soutien parmi les femmes noires. Parmi toutes les branches du « féminisme dominant » des premières vagues, c'est sans doute celle qui a eu l'impact le plus fort, ouvrant la voie à tous les autres types de féminisme que nous connaissons aujourd'hui.
- **Féminisme indigène :** Phénomène typiquement nord-américain, le féminisme indigène se concentre sur les expériences et les luttes des femmes autochtones. Les féministes indigènes critiquent le colonialisme et

l'impérialisme, en soulignant comment ces forces ont dévasté leurs communautés et perpétué la violence à l'encontre des femmes autochtones. Ce mouvement s'efforce de revitaliser les traditions culturelles indigènes et de promouvoir la souveraineté ainsi que l'autodétermination des communautés autochtones. Bien que numériquement restreintes, les féministes indigènes ont fait entendre leur voix avec courage, attirant l'attention sur la crise des femmes autochtones disparues, assassinées et parfois violées par les colonisateurs. Ce mouvement a eu le grand mérite de sensibiliser l'opinion mondiale et de susciter des interventions politiques et sociales pour lutter contre cette violence, tout en contribuant à préserver l'identité autochtone de groupes entiers discriminés, y compris les hommes.

- **Féminisme LGBTQ+ :** Comme vous pouvez l'imaginer, le féminisme LGBTQ+ intègre les luttes pour les droits des femmes à celles des personnes LGBTQ+. Ce mouvement reconnaît que l'hétéronormativité et le patriarcat sont interconnectés, et que la libération des genres doit inclure la défense des droits des personnes LGBTQ+. Les questions de visibilité, de représentation, de droits légaux et de protection contre la violence sont au cœur de ce mouvement. Le féminisme LGBTQ+ a contribué à rendre le mouvement féministe plus inclusif et plus attentif aux différentes identités et orientations sexuelles. Il a également cherché à remettre en question les normes de genre et à promouvoir une vision plus large et complexe du genre et de l'identité sexuelle. Comme vous l'avez peut-être remarqué, les mouvements de défense des droits des personnes LGBTQ+ en général ont tenté de s'affirmer avec force au cours de la dernière décennie, et c'est sans doute le groupe qui mène l'une des luttes les plus intenses à ce moment précis de l'histoire, à juste titre. Les droits des personnes non binaires sont quasi inexistants dans de nombreuses régions du monde, même dans celles qui ne sont pas culturellement éloignées de nous, et il est généralement admis (ou du moins partiellement...) qu'en 2024, certains abus et certaines discriminations ne sont tout simplement plus tolérables.

- **Féminisme des femmes handicapées :** Enfin et surtout, le féminisme des femmes handicapées se concentre sur les expériences des femmes en situation de handicap, reconnaissant que la discrimination fondée sur le sexe est exacerbée par le handicap. Les féministes handicapées s'efforcent de mettre en lumière les obstacles structurels, sociaux et économiques qui limitent l'accès des femmes handicapées aux opportunités et aux ressources. Ce mouvement souligne l'importance d'une approche intersectionnelle qui prend en compte les multiples formes d'oppression. Les féministes du handicap promeuvent également une compréhension du handicap comme une question de justice sociale plutôt que comme une simple condition médicale. Elles luttent pour des politiques inclusives, l'accessibilité universelle, et la reconnaissance des diverses expériences du handicap au sein du mouvement féministe.

Il est important de ne pas confondre le féminisme des femmes handicapées avec la lutte pour les droits des personnes handicapées de manière plus générale. Bien que ce féminisme soit une branche de ce dernier, il insiste sur le fait que les femmes handicapées sont sous-représentées et subissent une double discrimination, y compris au sein de la communauté des personnes handicapées. Cela sous-entend que, même parmi les personnes en situation de handicap, les femmes sont souvent perçues comme moins « pénalisées » que les hommes, une perception qui découle des problématiques habituelles liées aux rôles de genre que nous avons évoquées au début de ce volume.

Le féminisme des réseaux sociaux

Comme nous l'avons déjà mentionné, l'émergence des réseaux sociaux a offert aux féministes un outil de communication supplémentaire, leur permettant de faire entendre leur voix à travers un moyen extrêmement puissant (mais, selon moi, plus dispersé). Ces dernières années, de nombreuses campagnes et mouvements ont gagné en visibilité grâce à Internet, et nous allons maintenant examiner les plus célèbres d'entre eux :

- **#MeToo :** Le mouvement #MeToo, fondé par Tarana Burke en 2006 et devenu viral en 2017, a eu un impact mondial dans la lutte contre les violences sexuelles. Ce mouvement a permis à des millions de personnes de partager leurs expériences d'abus et de harcèlement, mettant en lumière l'ampleur du problème et poussant à des changements dans les politiques d'entreprise, les lois, et la culture générale. De nombreuses femmes, qui auparavant ressentaient de la honte ou de la peur à l'idée de partager leurs expériences, se sont soudain senties moins seules grâce à ce mouvement, réalisant qu'elles n'étaient pas en tort. Sans l'ombre d'un doute, #MeToo a ouvert un vase qu'il est désormais impossible de refermer, confrontant brutalement la société à la réalité quotidienne des femmes partout dans le monde. Des termes comme catcalling, mansplaining, gaslighting, manspreading, et bien d'autres sont devenus monnaie courante grâce à #MeToo et aux échanges d'informations sur les médias sociaux entre 2015 et 2017.

- **#TimesUp** : Dans le sillage de #MeToo, le mouvement #TimesUp a émergé, lancé en 2018 par plus de 300 femmes à Hollywood. Ce mouvement se concentre sur la lutte contre les discriminations et les violences sexuelles sur le lieu de travail, offrant un soutien juridique aux victimes et promouvant des réformes dans les industries culturelles et au-delà. #TimesUp a plaidé pour une plus grande responsabilisation et a œuvré pour changer les dynamiques de pouvoir qui permettent les violences et les abus.

- **SlutWalk** : Le mouvement SlutWalk, lancé en 2011 à Toronto, est une réponse à la culture du viol et à la culpabilisation des victimes. Les manifestations de SlutWalk remettent en question les stéréotypes de genre et revendiquent le droit des femmes à exprimer leur sexualité sans être jugées ou victimisées. Ce mouvement a créé des espaces de solidarité et d'autonomisation pour les femmes, tout en sensibilisant le public à l'importance de lutter contre la culture du viol.

Critiques

Tout d'abord, l'un des problèmes critiques du troisième mouvement féministe est le fossé générationnel entre les activistes « historiques » et les plus jeunes. Les féministes issues des générations du millénaire et de la génération Z, en particulier, ont tendance à critiquer — parfois sévèrement — les générations plus anciennes pour ne pas avoir abordé de manière adéquate des questions telles que l'intersectionnalité, la fluidité du genre et la transnationalité. Inversement, les féministes des vagues précédentes éprouvent des difficultés à s'intégrer dans les nouveaux discours et se sentent souvent exclues des nouvelles dynamiques.

Un autre problème, selon moi encore plus important que le fossé générationnel (qui est en partie naturel, comme dans n'importe quel domaine), est la commercialisation du féminisme, avec l'apparente perte de sa portée significative qui en découle. Le féminisme, à l'instar de l'environnementalisme, est devenu une tendance marketing, avec des entreprises qui exploitent le langage féministe pour vendre des produits et accroître leur crédibilité commerciale, phénomène connu sous le nom de « Pink Washing » (ou « Rainbow Washing » lorsqu'il s'agit également des droits LGBTQ+), ou encore de « Femvertising ». À mon avis, ce type de communication est très dangereux car il confère au féminisme une sorte de patine de « fausseté et d'hypocrisie perçue » qui n'existe pas réellement, et qui manque totalement de respect envers ceux qui, dans le passé comme aujourd'hui, se battent sérieusement pour l'égalité des sexes. En bref, il existe un risque que le mouvement soit perçu, même par ses propres membres, comme étant vidé de son contenu politique et radical, au profit d'une transformation en simple mode ou statut social.

Personnages principaux

<u>Kimberlé Crenshaw</u>

Kimberlé Crenshaw, née en 1959 à Canton, dans l'Ohio, est une juriste, universitaire et militante des droits civiques qui a apporté des contributions fondamentales au féminisme et aux études raciales en développant le concept d'intersectionnalité. Crenshaw est professeur de droit à la faculté de droit de l'UCLA et à la faculté de droit de Columbia, et cofondatrice du *Center for Intersectionality and Social Policy Studies* (Centre d'études sur l'intersectionnalité et la politique sociale).

Crenshaw est célèbre pour avoir inventé en 1989 le terme « intersectionnalité » dans son essai « Demarginalizing the Intersection of Race and Sex » (Démarginaliser l'intersection de la race et du sexe). Elle a ainsi été la première à parler d'intersectionnalité pour analyser la manière dont les femmes noires subissent des oppressions multiples qui ne peuvent être comprises de manière adéquate en n'examinant qu'une seule dimension de leur identité.

Les travaux de Crenshaw ont eu un impact profond sur les études juridiques, féministes et sur les droits civils, en mettant en évidence les lacunes des lois antidiscriminatoires et en appelant à une plus grande inclusion dans les politiques publiques. Son analyse a démontré que les lois ne protègent souvent pas de manière adéquate les personnes victimes de discrimination intersectionnelle, car elles tendent à traiter les catégories d'oppression comme des entités isolées et séparées.

En plus de ses travaux universitaires, Crenshaw est une voix influente dans le débat public sur les droits civils et sociaux. Elle a cofondé l'African American Policy Forum (AAPF), qui œuvre pour la promotion de l'équité raciale et de genre, et a participé à de nombreux mouvements de justice sociale.

<u>bell hooks</u>

bell hooks, de son nom de naissance Gloria Jean Watkins, est née le 25 septembre 1952 à Hopkinsville, dans le Kentucky. Le choix d'écrire son nom de scène entièrement en minuscules reflète son désir de mettre en avant les idées et le contenu de son travail plutôt que sa propre personne.

hooks est l'une des théoriciennes féministes, critiques culturelles et activistes les plus influentes de ces dernières décennies, ayant joué un rôle majeur tant dans la deuxième que dans la troisième vague féministe (j'étais d'ailleurs indécise quant à la section dans laquelle la placer !). Ses travaux couvrent un large éventail de sujets, notamment le féminisme, le racisme, la culture, la politique et l'éducation. À travers plus de trente livres et d'innombrables articles, elle a exploré les intersections de la race, du genre et de la classe, contribuant de manière significative à la théorie féministe intersectionnelle.

L'un de ses ouvrages les plus connus est Feminist Theory: From Margin to Center (1984), dans lequel elle critique le féminisme blanc de la deuxième vague pour avoir négligé les expériences des femmes de couleur et des femmes pauvres. hooks soutient que le féminisme doit être inclusif et s'attaquer à toutes les formes d'oppression pour être réellement efficace.

Dans Ain't I a Woman? Black Women and Feminism (1981), hooks explore l'impact de la race et du sexisme sur les femmes noires, soulignant que leur oppression est distincte et souvent ignorée dans le discours féministe dominant. Son analyse remet en question les récits traditionnels et appelle à un féminisme radicalement inclusif, conscient des diverses expériences d'oppression.

En plus de son travail académique, hooks a beaucoup écrit sur la culture populaire, l'éducation et l'amour. Dans ses écrits sur l'amour, tels que All About Love: New Visions (2000), hooks explore l'amour comme un acte politique et une force de transformation, capable d'apporter des changements profonds tant sur le plan personnel que social.

Son héritage est celui d'une penseuse révolutionnaire qui a défié et élargi les frontières de la pensée féministe et de la critique culturelle, offrant des outils pour comprendre et combattre les multiples formes d'oppression qui caractérisent la société contemporaine.

Chimamanda Ngozi Adichie

Chimamanda Ngozi Adichie, née le 15 septembre 1977 à Enugu, au Nigeria, est l'une des voix les plus influentes du féminisme contemporain et de la littérature africaine. Auteure acclamée, ses œuvres explorent les thèmes de l'identité, de la culture, de la race et du genre, offrant une analyse critique des expériences des femmes africaines.

Adichie s'est fait connaître du public mondial avec son roman Half of a Yellow Sun (2006), qui relate la guerre civile nigériane à travers la vie de plusieurs personnages. Ce livre a remporté de nombreux prix, dont le prix Orange de la fiction. Un autre ouvrage important est Americanah (2013), qui explore les expériences d'une jeune femme nigériane émigrant aux États-Unis, abordant des questions de race, d'immigration et d'identité.

Cependant, l'œuvre qui l'a réellement propulsée sur le devant de la scène mondiale est peut-être la plus courte : l'essai We Should All Be Feminists (2014), basé sur un TED Talk de 2012, a eu un impact considérable sur le débat autour du féminisme. Dans ce texte, Adichie définit le féminisme en des termes accessibles et universels, appelant chacun, quel que soit son sexe, à reconnaître et à combattre les inégalités de genre. Cet essai a même été distribué dans les lycées suédois en tant que texte éducatif.

Je dois avouer que l'idée d'écrire ce livre m'est venue après avoir lu l'essai d'Adichie, qui, par sa simplicité (mais non sa banalité), m'a ouvert les yeux et a donné forme à des pensées que j'avais déjà, mais que j'avais du mal à structurer. Si vous lisez ce livre avant même d'avoir lu son œuvre, précipitez-vous sur ses écrits, car il s'agit d'une lecture absolument incontournable dans le monde féministe contemporain, et au-delà.

Adichie est également connue pour son discours « The Danger of a Single Story » (2009), dans lequel elle critique la représentation monolithique des cultures non occidentales, en promouvant une vision plus complexe et diversifiée des récits humains.

Chapitre 5 : L'égalité des sexes aujourd'hui

Analyse actuelle des droits des femmes dans le monde (2024)

Région	Gender Gap Index	Participation des femmes dans l'emploi (%)	Représentation féminine en politique (%)	Alphabétisation féminin
Amérique du Nord	0,76	56,8%	28,4%	99,0%
Europe	0,78	51,3%	31,2%	98,0%
Asie	0,68	44,2%	21,5%	87,0%
Afrique	0,65	63,4%	24,0%	64,0%
Amérique du Sud	0,7	50,1%	26,7%	91,0%
Océanie	0,74	61,0%	31,0%	97,0%

Le tableau que nous venons d'examiner provient de la dernière analyse réalisée en 2024 par le Forum économique mondial, qui évalue et met à jour chaque année cet indice, ainsi que d'autres, en lien avec le bien-être de notre planète.

Gender Gap Index

Le Gender Gap Index, publié annuellement par le Forum économique mondial, évalue les inégalités entre hommes et femmes dans quatre domaines clés : la participation économique, l'accès à l'éducation, la santé et la représentation politique. Le score, compris entre 0 et 1, avec 1 correspondant à une égalité parfaite.

1. Europe : 0,78
2. Amérique du Nord : 0,76
3. Océanie : 0,74
4. Amérique du Sud : 0,7
5. Asie : 0,68
6. Afrique : 0,65

Comme on peut le constater, l'Europe affiche le score le plus élevé en matière de Gender Gap Index, ce qui reflète des politiques plus progressistes et une plus grande participation des femmes dans divers secteurs. Toutefois, il est essentiel de souligner que les moyennes régionales peuvent masquer d'importantes disparités internes entre les pays. La moyenne européenne, par exemple, inclut à la fois des scores élevés (les pays scandinaves, par exemple, sont proches de l'égalité totale dans plusieurs domaines) et des scores plus faibles (les pays méditerranéens, comme l'Italie, qui obtient un score de seulement 0,7, se classant 87e au niveau mondial et figurant parmi les moins bien classés des pays développés, ainsi que certains pays d'Europe de l'Est).

<u>Participation au marché du travail</u>

La participation des femmes au marché du travail constitue un indicateur clé de l'égalité économique. Cependant, il est crucial de ne pas interpréter ces chiffres de manière isolée, car ils ne prennent pas en compte l'égalité des conditions de travail ni l'accès aux opportunités de carrière. En effet, on remarque immédiatement que l'Afrique présente la valeur la plus élevée, alors même que, comme nous l'avons vu, elle affiche le score le plus faible en termes de Gender Gap Index. En y réfléchissant bien, un pourcentage trop élevé peut être un signal négatif, indiquant potentiellement une forte concentration des femmes dans des emplois à faible valeur ajoutée, où la main-d'œuvre est généralement plus abondante. Le pourcentage idéal devrait se situer entre 48 % et 52 %, une situation que l'on observe uniquement en Europe et en Amérique du Sud (bien que ces chiffres doivent également être contextualisés, car ils peuvent provenir de réalités très différentes). L'analyse approfondie de ces données exigerait un ouvrage dédié, et je ne pense pas être la personne la plus qualifiée pour mener une telle étude.

1. Afrique : 63,4%
2. Océanie : 61%
3. Amérique du Nord : 56,8%
4. Europe : 51,3%
5. Amérique du Sud : 50,1%
6. Asie : 44,2%

<u>Représentation politique</u>

La représentation des femmes en politique est cruciale pour s'assurer que leurs voix et intérêts soient pris en compte dans les décisions publiques. En analysant les données, il est clair qu'aucune région du monde n'est exempte de défis dans ce domaine, et il reste encore un long chemin à parcourir. L'Europe et l'Océanie sont en tête, mais avec seulement 31 % de femmes en politique, ce qui ne correspond même pas à un tiers du total.

1) Europe : 31,2%
2) Océanie : 31%
3) Amérique du Nord : 28,4%
4) Amérique du Sud : 26,7%
5) Afrique : 24%
6) Asie : 21,5%

<u>Éducation et alphabétisation</u>

Il va sans dire que l'alphabétisation des femmes est un indicateur clé du développement humain et de l'accès à l'éducation. Sur cet indicateur fondamental, les disparités régionales sont frappantes, et la situation en Afrique est particulièrement préoccupante : plus d'une femme sur trois y est analphabète. Ces chiffres révèlent une urgence éducative qui mérite une attention particulière.

1) Amérique du Nord : 99%
2) Europe : 98%
3) Océanie : 97%
4) Amérique du Sud : 91%
5) Asie : 87%
6) Afrique : 64%

Différences régionales

<u>Europe</u>

L'Europe, tout comme l'Amérique du Nord, a joué un rôle moteur dans la promotion de l'égalité entre hommes et femmes, avec des politiques avancées en matière d'égalité salariale, de participation politique et d'accès à l'éducation. Toutefois, bien que l'Europe soit un territoire relativement petit, elle est marquée par une grande diversité de cultures et de groupes ethniques, et d'importantes disparités peuvent être observées même entre des régions voisines. À l'échelle macro, les pays où l'égalité est la plus avancée se trouvent en Europe du Nord (notamment la Suède, la Norvège, le Danemark et l'Islande), suivis par ceux d'Europe de l'Ouest (comme l'Espagne, l'un des premiers à légaliser le mariage homosexuel, les Pays-Bas, l'Allemagne, la Belgique et la France). En revanche, les pays d'Europe du Sud sont à la traîne, et la situation est encore plus préoccupante dans les pays d'Europe de l'Est, en particulier ceux issus de l'ex-Union soviétique. La situation en Europe est complexe, car de grandes différences existent non seulement entre les nations, mais également au sein de celles-ci, notamment entre les centres urbains et les zones rurales. En Italie, par exemple, des écarts considérables se remarquent entre le nord, qui dépasse parfois la moyenne européenne dans certains domaines comme l'égalité salariale, et le sud, où des progrès restent à faire. De même, en Pologne et dans les pays d'Europe centrale (Slovaquie, République tchèque, Slovénie, Hongrie), on observe des disparités marquées entre les capitales et leurs zones rurales, parfois même dans les périphéries immédiates des villes.

Amérique du Nord

L'Amérique du Nord est bien moins fragmentée que l'Europe, même si elle présente encore des contrastes notables. Les États-Unis, avec l'Europe, ont été l'un des grands moteurs culturels du progrès en matière d'égalité des sexes, notamment grâce à leur influence médiatique. Malgré des avancées évidentes, des défis subsistent, notamment en ce qui concerne l'inégalité salariale et la faible représentation politique des femmes. Il est d'ailleurs frappant de constater qu'à ce jour, les États-Unis n'ont jamais élu une femme présidente ! De plus, les États-Unis, avec leur vaste territoire et leur diversité interne, connaissent de grandes disparités régionales.

Le Canada, quant à lui, offre un tableau plus équilibré. Ce pays semble avoir mis en place des politiques plus progressistes pour promouvoir l'égalité entre les sexes, se démarquant ainsi par des mesures concrètes en faveur de l'égalité salariale et de la représentation politique des femmes.

Asie

L'Asie, en tant que territoire immense, rend les chiffres que nous avons vus presque insignifiants : elle abrite près de 50 % de la population mondiale et possède une diversité culturelle incomparable. Cette région comprend à la fois le Moyen-Orient à majorité islamique et le Japon, deux territoires ayant très peu en commun. Les différences entre les pays asiatiques sont donc énormes, et il serait erroné de penser que les nations les plus développées sont nécessairement en tête en matière d'égalité des sexes.

Le leader en Asie sur ce plan est clairement Taïwan, premier pays asiatique à avoir légalisé le mariage entre personnes du même sexe, et qui accueille l'une des plus grandes gay pride au monde, à Taipei. De plus, Taïwan est l'un des rares pays asiatiques dirigé par une femme présidente, signe d'une présence politique féminine significative.

À l'inverse, des pays tels que le Japon et la Corée du Sud, malgré leur développement économique et leur concurrence avec les grandes puissances occidentales, affichent des taux de participation féminine au marché du travail relativement faibles et d'importantes inégalités entre les sexes. Concernant les droits des autres minorités, la situation y est particulière : bien que les minorités LGBTQ+ y subissent relativement peu d'abus et de discriminations dans la vie quotidienne, le cadre législatif reste largement inexistant. Ainsi, ces minorités sont souvent « invisibilisées » sur le plan bureaucratique, ce qui peut avoir un effet dévastateur pour ces communautés et affecter négativement les scores des indices d'inégalité. Un petit pas a été fait récemment en Corée du Sud avec la reconnaissance de la couverture maladie pour les couples de même sexe, mais il s'agit encore d'un progrès limité face à un océan de lacunes législatives.

Dans d'autres régions d'Asie, la situation est bien plus préoccupante. Au Moyen-Orient et en Asie centrale, les minorités de genre sont souvent illégales, punies par la torture ou la peine de mort. Cependant, des signes encourageants émergent dans le sud-est asiatique et en Inde. Les Philippines et le Bangladesh, par exemple, ont commencé à élaborer des politiques de soutien ciblées et à reconnaître, au moins en partie, les défis posés par ces inégalités.

Afrique

En Afrique, malgré des différences culturelles et ethniques internes aussi marquées qu'en Asie, la situation reste particulièrement préoccupante. Il s'agit de la région où les disparités entre hommes et femmes sont les plus prononcées, presque partout sur le continent. Bien que la participation des femmes au marché du travail soit élevée, elle se traduit souvent par des formes d'exploitation, proches de l'esclavage. De plus, l'accès à l'éducation est sévèrement limité, plus d'un tiers de la population féminine n'ayant pas la possibilité d'apprendre à lire et à écrire. Ces inégalités structurelles posent de sérieux obstacles au développement global de la région.

Amérique du Sud

L'Amérique du Sud présente des données plutôt encourageantes dans certains domaines, notamment en matière de représentation politique et professionnelle des femmes. Cependant, d'autres aspects sont nettement plus préoccupants. Les disparités économiques y sont parmi les plus importantes au monde, mais le véritable problème concernant la condition des femmes dans cette région réside dans la violence fondée sur le genre, qu'elle soit domestique ou publique. Cette violence, omniprésente, constitue un obstacle majeur à l'amélioration des conditions de vie des femmes et à l'égalité des sexes, malgré les progrès réalisés dans d'autres domaines.

<u>Océanie</u>

En Océanie, l'Australie et la Nouvelle-Zélande ont fait des avancées notables en matière d'égalité des sexes, affichant des taux élevés de participation des femmes au marché du travail ainsi qu'une forte représentation politique. À l'inverse, les îles du Pacifique sont confrontées à des défis plus importants, tels que des taux d'alphabétisation féminine plus bas et des opportunités économiques restreintes.

Secteurs d'intérêt spécifiques

<u>Travail et économie</u>

L'écart de rémunération entre les hommes et les femmes reste l'un des défis les plus persistants et est principalement dû au fait que les femmes accèdent moins facilement à des postes mieux rémunérés, bien qu'il existe certainement des différences considérables - en particulier dans les pays les moins développés - même en ce qui concerne les salaires pour un même emploi et un même niveau (dans ce dernier domaine, les seuls endroits où une parité substantielle est perceptible sont les grandes villes des pays les plus riches et les plus occidentaux). Selon l'Organisation internationale du travail (OIT), les femmes gagnent en moyenne 20 % de moins que les hommes au niveau mondial.

<u>Politique et représentation</u>

Malgré les progrès accomplis, les femmes demeurent sous-représentées aux postes de pouvoir politique. D'après l'Union interparlementaire (UIP), seulement 25 % des sièges parlementaires dans le monde sont occupés par des femmes. Cela souligne la nécessité de mettre en œuvre des politiques favorisant l'inclusion des femmes en politique, comme les quotas de genre. Bien que l'objectif soit de les supprimer une fois que la parité « naturelle » sera atteinte, je considère cette mesure comme absolument indispensable dans de nombreux contextes.

Éducation

L'accès des femmes à l'éducation s'est amélioré dans de nombreuses régions, mais des disparités significatives persistent, notamment en Afrique subsaharienne et dans certaines parties de l'Asie du Sud. Des initiatives mondiales, telles que l'objectif de développement durable (ODD) 4 des Nations unies, qui vise à assurer une éducation de qualité pour tous, jouent un rôle crucial pour corriger ces inégalités.

Conclusion

L'analyse présentée ici, comme vous l'avez sans doute remarqué, reste assez superficielle et offre avant tout un aperçu très général. En effet, l'objectif de ce livre n'est pas de se focaliser sur la collecte de données chiffrées, lesquelles nécessitent toujours d'être contextualisées. Ce chapitre avait surtout pour but de fournir une vision macroscopique de l'ampleur du travail à accomplir, tout en nous rappelant que nous ne devons pas nous limiter à observer notre propre environnement. Les luttes contemporaines doivent être inclusives et transnationales, d'autant plus que nous disposons aujourd'hui de moyens médiatiques sans précédent, que nous n'exploitons, à mon avis, pas encore de manière optimale.

Les données que vous venez de consulter proviennent des sources suivantes, toutes facilement accessibles en ligne si vous souhaitez approfondir le sujet :

- *World Economic Forum (2024) - Global Gender Gap Report*
- *Organisation internationale du travail - Global Wage Report*
- *Union interparlementaire - Women in Politics Report*
- *UNESCO - Global Education Monitoring Report*

Chapitre 6 : Qu'en est-il des hommes ?

Introduction au chapitre

Nous, les hommes, sommes fondamentalement restés les mêmes. Comme mentionné précédemment, ce qu'un homme doit accomplir pour être considéré comme tel n'a guère changé depuis un siècle. Pour reprendre l'idée exposée dans l'introduction, l'homme est resté inchangé dans un contexte qui, lui, a profondément évolué, non seulement en ce qui concerne le statut des femmes, mais aussi d'autres facteurs qui ébranlent certaines certitudes. Cela a provoqué chez beaucoup une crise identitaire qui, contrairement à celle des femmes, demeure souvent difficile à cerner et à expliquer, et pour laquelle il est ardu de désigner un responsable. Ainsi, nombre d'hommes, ne saisissant pas l'origine de leur malaise, en viennent souvent à attribuer la cause à des éléments plus immédiats, comme les femmes, le féminisme ou la « perte des valeurs sociétales traditionnelles », alors que la réalité est sans doute bien plus complexe.

Pourquoi le féminisme existe-t-il encore ?

Bien que le droit – en Occident – ait presque totalement abandonné le patriarcat établi, que demande encore le féminisme aujourd'hui ? Pourquoi persiste-t-il ? Une partie de la réponse se trouve, bien entendu, dans les pages précédentes du livre : il suffit de se référer aux données présentées au chapitre 5 pour constater qu'une différence significative subsiste encore de nos jours.

À cela s'ajoutent de nombreux jugements sociaux qui continuent de circuler allègrement au sein de la société. Prenons l'exemple le plus grossier, mais aussi le plus révélateur : si un homme multiplie les conquêtes, il est perçu comme « cool », alors qu'une femme qui fait de même est qualifiée de « salope ». Je sais déjà que beaucoup de lecteurs penseront que c'est normal, car « l'homme est un chasseur qui doit conquérir, tandis que la femme doit être conquise ». Certains iront même jusqu'à évoquer la métaphore de « la clé qui ouvre de nombreuses serrures est une bonne clé », un raisonnement que je trouve non seulement simpliste, mais profondément triste. Et voilà, c'est précisément là que réside le préjugé.

L'exemple le plus frappant, celui qui illustre avec le plus d'évidence la différence entre les hommes et les femmes, est celui de la violence basée sur le genre. Le taux de féminicide (par « féminicide », on entend le meurtre d'une femme en tant que telle, et non un homicide générique dont la victime est une femme) reste dramatiquement élevé. Les données à ce sujet sont incontestables et ne peuvent être remises en cause.

Il apparaît donc clairement que toutes ces dynamiques sont le fruit d'un héritage patriarcal qui, en moyenne, continue d'imprégner une grande partie de la société contemporaine. N'oublions pas qu'en histoire, un demi-siècle est une période insignifiante, et il est relativement normal que ce phénomène persiste. De même, il est tout aussi naturel que le féminisme continue d'exister, car nous sommes encore en plein combat pour l'égalité, même si cela ne semble pas toujours évident.

Mais au fond, est-ce vraiment de notre faute si ces inégalités persistent ?

Pas tout à fait. Nos comportements, qu'ils soient plus ou moins extrêmes ou intentionnels, sont le reflet de ce que nous avons appris et des contextes dans lesquels nous avons grandi. C'est un peu comme grandir dans un environnement où tout le monde parle anglais : il est évident que nous parlerons nous aussi anglais.

Cela ne signifie évidemment pas que nous avons grandi en pensant que la violence à l'égard des femmes est acceptable, ce serait absurde. Cependant, combien de fois avons-nous entendu des remarques sexistes à peine voilées autour de nous, telles que : « Eh bien, elle l'a un peu cherché » ; « On ne peut pas se promener habillée comme ça la nuit » ; « Franchement, elle est un peu une salope », et ainsi de suite ? C'est de ce machisme ordinaire dont je parle, de ces commentaires que nous faisons sans même nous en rendre compte, non pas parce que nous sommes consciemment sexistes ou que nous haïssons les femmes, mais simplement parce que cela fait partie de ce qu'on nous a inculqué.

Et si l'on y réfléchit bien, lorsqu'une femme nous fait remarquer ces attitudes ou tente de nous corriger, nous, les hommes, sommes souvent stupéfaits, ou bien nous la rabrouons (et parfois, nous réagissons avec colère). Cela se produit parce que nous avons tellement intériorisé cette culture de domination que, si nous n'avons jamais pris le temps de nous remettre en question, nous sommes déstabilisés par des discours qui ébranlent les fondements de nos croyances. Et il est bien connu à quel point il est difficile de remettre en cause ce que l'on considère comme acquis.

Et dans cette culture toxique dans laquelle nous grandissons, les femmes et les féministes en sont-elles également responsables ?

En partie, oui. Si les hommes ont déprécié les féministes, voire s'y sont opposés, il est également vrai que les groupes féministes n'ont pas toujours fait beaucoup d'efforts pour impliquer activement les hommes dans leur lutte. Les premiers mouvements, en particulier, percevaient souvent les hommes comme un obstacle (j'utilise le terme « obstacle » et non « ennemi », car l'objectif du féminisme est l'égalité, et non la domination des femmes. Je précise cela pour ceux qui abusent du terme « naziféminisme », une absurdité totale) plutôt que comme des alliés potentiels. À tel point que les féministes des vagues plus récentes ont elles-mêmes fait leur autocritique à ce sujet.

L'auteure bell hooks, que nous avons évoquée précédemment, est l'une des figures les plus importantes à avoir proposé ce genre d'autocritique. Dans son ouvrage Feminism is for Everybody (Le féminisme est pour tout le monde), elle écrit :

"Le féminisme est un mouvement qui vise à mettre fin au sexisme, à l'oppression et à l'exploitation des femmes, et il ne sous-entend pas que les hommes sont l'ennemi. Si la théorie féministe avait, dès le départ, proposé des visions plus libératrices de la masculinité, il aurait été impossible pour quiconque de rejeter le mouvement comme étant anti-masculin. C'est un échec majeur du mouvement féministe de ne pas avoir réussi à attirer un grand nombre d'hommes, simplement parce que notre théorie n'a pas suffisamment abordé non seulement ce que les hommes pourraient faire pour être anti-sexistes, mais aussi ce que pourrait être une alternative à la masculinité."

En bref, du point de vue masculin, nous ne nous sommes jamais identifiés au mouvement féministe parce que nous n'avons « jamais été invités ». Il y a rarement eu un message clair adressé à nous, proposant, comme le dit bell hooks, une masculinité alternative et moins toxique.

Soyons clairs, mon objectif n'est pas de nous dévaloriser, mais il faut admettre qu'un « féminisme plus inclusif » dès le départ n'aurait pas nécessairement garanti une plus grande implication de notre part, et cela pour deux raisons principales :

1) Je ne pense pas que la simple « proposition d'une masculinité alternative » aurait suffi à nous faire renoncer à des privilèges objectifs ;

2) Franchement, nous, les hommes, en moyenne, ne nous intéressons pas au féminisme. De plus, notre perception du féminisme est souvent complètement déformée et très éloignée de la réalité : on parle souvent de « naziféminisme ». Nous percevons rarement le féminisme comme un mouvement formé par des intellectuelles, des universitaires et des militantes qui ont marqué l'histoire sociale et culturelle depuis le XVIIIe siècle (ce qui est pourtant le cas), mais plutôt comme un groupe de lesbiennes en colère, mal coiffées, laides, grosses, aux cheveux bleus, qui nous agacent parce que nous ne portons pas de rose, ou quelque chose du genre (je me permets d'utiliser ces termes, car c'est souvent ainsi que beaucoup le décriraient).

Un autre signe du manque d'intérêt que nous, les hommes, portons à ces questions est le phénomène du « Pas tous les hommes », c'est-à-dire cette tendance à individualiser un problème collectif. Par « Pas tous les hommes », on fait référence à des phrases comme : « Je n'ai jamais frappé une femme », « Je ne fais même pas de catcalling ! », ou encore « Tous les hommes ne sont pas comme ça, c'est seulement une minorité ». Ces affirmations sont souvent suivies d'une tentative maladroite de minimiser les problèmes que les femmes considèrent comme collectifs et auxquels presque toutes sont confrontées. Comment est-il possible qu'aucun homme ne harcèle, alors que presque toutes les femmes affirment avoir subi au moins un harcèlement dans leur vie ? Les mathématiques étant objectives, il y a clairement quelque chose qui ne colle pas.

Il est assez surréaliste que tant d'hommes ne parviennent pas à dépasser ce type de raisonnement et à aborder le problème à un niveau plus global. Cette incapacité s'explique probablement par le fait que beaucoup d'hommes, en particulier récemment et sur les réseaux sociaux, se sentent continuellement attaqués. Sans les outils et les connaissances nécessaires pour comprendre cette dynamique, ces réactions – aussi irrationnelles soient-elles – deviennent presque inévitables.

Alors, pourquoi les hommes se sentent-ils impuissants ?

Revenons un peu en arrière. Jusqu'à ce que les femmes commencent à revendiquer leurs droits de plus en plus fort, le patriarcat – d'une certaine manière – était « commode », car les caractéristiques mêmes de la société favorisaient ce modèle. Pensez-y : les hommes travaillaient et détenaient le pouvoir économique au sein de la famille, tandis que les femmes s'occupaient du foyer et de l'éducation des enfants. C'était une division du travail qui convenait parfaitement à une société à l'aube du capitalisme moderne, un modèle qui a depuis profondément changé.

Nos pères et nos grands-pères pouvaient se permettre de dominer parce qu'ils disposaient réellement de plus de pouvoir que les hommes d'aujourd'hui. Mais le monde capitaliste, qui semblait autrefois représenter un salut et l'aube d'un rêve utopique, a entraîné un bouleversement majeur des conditions de vie moyennes. Les crises sociales et de l'emploi, les délocalisations, la réduction des aides sociales et des salaires de plus en plus faibles par rapport au coût de la vie ont radicalement transformé notre réalité.

Ainsi, tout ce qui semblait aller de soi il y a seulement 30 ou 40 ans – un emploi stable, une maison, ou même l'achat d'une voiture – n'est plus garanti. Pourtant, ces éléments demeurent des indicateurs traditionnels de la réussite masculine, mais non féminine. Aujourd'hui, on demande encore aux hommes de maîtriser et de contrôler, dans un monde où cela devient de plus en plus difficile. Le système capitaliste actuel ne pourrait même pas permettre le maintien d'une société du 14e siècle, car cela coûterait trop cher. C'est là que se manifeste le « paradoxe de la modernité ».

bell hooks, dans son ouvrage, écrit :

" La pénurie d'emplois, l'absence de récompense au travail et l'augmentation du pouvoir des femmes ont rendu difficile pour les hommes des classes pauvres et moyennes de comprendre leur place. Le patriarcat capitaliste ne tient plus ses promesses. Beaucoup d'hommes souffrent car ils ne réalisent pas que ces promesses étaient basées sur la domination et l'injustice. "

En résumé, nous avons grandi avec l'idée, désormais anachronique, qu'il faut dominer le monde, tout contrôler, être malin, résistant, fort et résilient, et avoir de nombreuses conquêtes. Mais aujourd'hui, ce n'est plus seulement les femmes qui rejettent ces attentes, mais aussi un système qui – à moins d'appartenir à une petite élite riche – rend impossible l'accès à ces idéaux. Nous voulons dominer, mais nous n'en avons plus les moyens, et personne ne souhaite plus être dominé.

À cela s'ajoute un discours toxique de plus en plus répandu dans nos sociétés occidentales : « si tu veux, tu peux ». Ce mantra implique que si tu as un emploi médiocre, c'est ta faute ; si tu gagnes peu d'argent, tu es un raté ; si tu n'es pas bon au lit, tu es un idiot ou un « pédé » ; et si à 30 ans tu vis encore chez tes parents, il faut que tu te réveilles. Il est regrettable que, dans certains pays, le pourcentage de personnes de plus de 25 ans qui ne peuvent pas se permettre d'acheter un logement atteigne des niveaux sans précédent.

Le résultat est un scénario inquiétant où un homme n'a pas le droit de souffrir, de demander de l'aide, et doit réprimer ses émotions sous des couches de fausse motivation, d'ironie et de virilité forcée. Ce n'est pas un hasard si le taux de suicide des hommes est nettement plus élevé que celui des femmes, tout comme il n'est pas surprenant que les centres d'aide contre la violence destinés aux hommes soient pratiquement inexistants. On parle – à juste titre – de la violence systémique des hommes contre les femmes, mais lorsque c'est une femme qui est violente envers un homme, on en parle à peine. La société accepte encore beaucoup moins la figure de la victime masculine que celle de la victime féminine. Et devinez pourquoi ? Cela commence par P et se termine par « atriarchie », ce système qui nuit à la fois aux hommes et aux femmes.

La différence, cependant, c'est que les femmes semblent avoir beaucoup mieux analysé le problème. Les hommes, eux, sont souvent perdus, isolés, déboussolés et victimes d'un système aliénant et destructeur. En conséquence, ils se tournent souvent contre la seule cible visible et facilement identifiable : les femmes, les féministes, et les homosexuels.

Existe-t-il une solution ?

Oui, mais je ne suis pas sûr de la connaître. Cependant, je voudrais rappeler qu'il y a un siècle, les féministes n'avaient pas non plus de solution toute faite (et elles continuent encore aujourd'hui leur quête de définition et d'autodétermination), mais contrairement à nous, elles ont su, dès le départ, identifier clairement la nature du problème. Progressivement, les actions se sont imposées d'elles-mêmes.

Ainsi, pour trouver une solution, il est d'abord essentiel que la majorité des gens prennent conscience de l'existence du problème, et surtout qu'ils admettent qu'il y en a un. Ce n'est qu'à partir de là que l'on peut commencer à chercher des solutions et des modèles masculins alternatifs à suivre. Comment pourrait-on résoudre un problème dont on ignore l'existence ?

Ce chemin doit débuter avec nous, les hommes, en s'inspirant des mouvements féministes. Mais nous sommes les seuls à savoir véritablement ce que cela signifie d'être un homme en 2024. Nous sommes ceux qui, potentiellement, ont toutes les compétences pour reconnaître les problèmes qui nous affectent et que nous souhaitons transformer pour être mieux avec nous-mêmes. Malgré l'autocritique féministe de bell hooks, la réalité est que c'est à nous de définir ce nouveau modèle. Nous devons comprendre que l'avenir se construit en parallèle avec les femmes (sans se chevaucher ni s'opposer) vers un objectif commun : le renversement du patriarcat et l'élaboration de nouveaux modèles adaptés au monde dans lequel nous vivons.

Le titre de ce livre, qui évoque une alliance nécessaire, fait précisément référence à cela. Nous avons l'exemple des femmes qui se sont organisées et ont lutté, un exemple dont nous devons nous inspirer pour créer notre propre mouvement. Ce mouvement doit s'inscrire dans la même direction que le féminisme, et non en opposition à lui.

Commencer par nous-mêmes

Et individuellement, quelles questions devrions-nous nous poser ?

Je pense que la question fondamentale est la suivante : « Qu'est-ce que je veux dans la vie ? ». À partir de là, nous pouvons réfléchir aux causes profondes qui nous empêchent d'obtenir ce que nous désirons. Et il ne sert à rien de répondre par « parce que je ne suis pas assez bien ». Ne vous méprenez pas, je ne cherche pas à faire un discours de motivation (loin de là), mais je souhaite vous encourager à identifier les véritables causes profondes qui nous empêchent d'atteindre le bonheur.

Par exemple, si ma réponse est « Je veux une relation épanouissante et être aimé », mais que je n'y parviens pas du tout, quelles sont les véritables conditions qui m'en empêchent ? Est-ce que toutes les femmes sont des « salopes » qui ne sortent qu'avec des mauvais garçons, ou est-ce plutôt le fait que je vis dans une société qui exige de moi un contrôle total sur tout, tout en ne me donnant pas les moyens d'exercer ce contrôle ?

Comment pourrais-je « assurer la sécurité de ma femme » si, à 33 ans, je vis encore chez mes parents, que je n'ai pas un emploi bien rémunéré et que j'ai à peine les moyens d'acheter une voiture ? Comment pourrais-je être heureux en couple si je ne peux même pas maîtriser un seul aspect de ma propre vie ?

Je crois que c'est là que se trouve le nœud du problème : le contrôle. Nous sommes accablés par le fait que nous avons perdu le contrôle, mais la vérité est que les temps ont changé, et que nous ne pourrons plus le reprendre comme avant. La société a évolué, et nous ne pouvons plus dominer ni sur le plan émotionnel et sentimental, ni sur le plan économique et professionnel.

La solution, selon moi, réside dans l'abandon de cette obsession du contrôle. Ce n'est qu'en acceptant de s'en détacher que nous pourrons imaginer et créer un nouveau modèle de vie qui nous corresponde mieux.

Alors, la prochaine fois que vous recevez un TikTok d'un « gourou » à Dubaï vous conseillant de ne pas vous masturber pour rester concentré ou vous expliquant comment devenir un « gagnant », ignorez-le et bloquez-le !

Conclusion

J'espère que la lecture de ce petit livre aura permis à au moins l'une d'entre vous de mieux comprendre ce qu'est réellement le féminisme, ainsi que la valeur de son histoire et de ses luttes.

J'espère également que mes réflexions sur notre rôle en tant qu'hommes dans le monde auront suscité quelques doutes ou débats entre nous, même si vous n'êtes pas d'accord avec ce que j'ai écrit.

Je n'ai pas la prétention de lancer une « nouvelle vague de féminisme masculin » avec ce livre, mais j'espère qu'au moins un homme se sera remis en question en lisant ces pages. Après tout, les véritables révolutions peuvent aussi commencer avec une seule personne.

Je vous remercie de m'avoir lu et j'espère que ce n'est pas la dernière fois que vous vous pencherez sur ce sujet. Les féministes ont produit une vaste littérature, bien plus analytique et détaillée que ce que j'ai présenté ici, avec des perspectives et des objectifs variés.

Je vous encourage vivement à explorer les ouvrages que j'ai mentionnés dans les différents chapitres. Vous pourriez commencer par celui qui m'a personnellement poussé à approfondir ce sujet : *We Should All Be Feminists* de Chimamanda Ngozi Adichie.

Note de l'auteur

Merci beaucoup d'avoir lu ce livre ! Comme vous l'avez peut-être deviné, à travers ce manuscrit et les autres de la série « Easy History », mon objectif est de rendre accessibles et compréhensibles pour tous des sujets qui sont habituellement traités dans des textes académiques longs et complexes, ainsi que des sujets plus « pop ».

Mon ambition en tant qu'écrivain indépendant est de contribuer à la diffusion des faits historiques de manière la plus neutre possible (ce qui n'est pas toujours facile, compte tenu des influences auxquelles nous sommes tous soumis), tout en les présentant de manière à vraiment toucher tout le monde. Mon but est de permettre aux lecteurs – quel que soit leur âge, sexe ou culture – de se forger leur propre opinion sur ce qui s'est passé dans l'histoire, et sur ce que les mythes et légendes nous ont transmis.

Une information indépendante, claire et neutre est, à mon sens, une arme très puissante contre l'ignorance et la manipulation que l'on observe de nos jours, même dans les grands médias (sans parler des réseaux sociaux). Et dans ce cadre, il n'y a rien de mieux que de connaître le passé pour espérer bâtir un avenir meilleur.

Pourquoi je fais cela ? Par pure passion, tout simplement. J'ai toujours été un lecteur passionné, presque obsédé par les livres d'histoire et de mythologie. Je suis fasciné par la manière dont des événements vieux de centaines, voire de milliers d'années, continuent d'influencer nos vies aujourd'hui.

Étant un auteur totalement indépendant, je m'occupe seul de la recherche, de l'écriture et de la promotion de mes livres (contrairement à ceux qui bénéficient du soutien d'une maison d'édition ou d'autres structures). C'est pourquoi je vous demande une petite faveur :

Si vous avez apprécié ce livre, ou si vous l'avez trouvé utile d'une manière ou d'une autre, je vous serais très reconnaissant de bien vouloir laisser un avis ou une simple note sur Amazon.

Vous n'imaginez pas à quel point cela peut être précieux pour moi et pour tous ceux qui, comme moi, travaillent de manière indépendante !